JN233277

国際機関資料検索ガイド

川鍋 道子

東信堂

国際機関資料検索ガイド／目次

はじめに ··· 3

資料に関する略語一覧 ··· 4
国際機関の活動内容・刊行資料を調べるには ··································· 4

第1部　国際連合

1章　国連資料について ··· 9

1　国連資料の種類 ··· 10
 1　ドキュメント ·· 10
 2　公式記録 ·· 10
 3　パブリケーション ·· 11

2　ドキュメント記号とセールス・ナンバー、資料の種類 ······················· 12
 1　ドキュメント記号 ·· 12
 2　セールス・ナンバー ·· 17

3　主要委員会・主要機関の年次報告の探し方 ································· 19

4　国連資料全般の検索ツール ··· 22
 1　The United Nations documents index ································ 22
 2　UNDEX ··· 22
 3　UNDOC ··· 22
 4　United Nations Documents Checklist October 1996-December 1997 ····· 23
 5　United Nations Documents Index 1998- ······························ 23
 6　United Nations Documents Series Symbols 1946-1996 ················· 23
 7　UNBIS Plus on CD-ROM CHADWYCK-HEALEY社 ··························· 23
 8　インターネットで UNBISnet ··· 24
 9　インターネットで UN Information Quest(UN-I-QUE) ··················· 31
 10　インターネットで UN search ······································· 34
 11　インターネットで UN-ODS (United Nations Optical Disk System) ····· 34

5　公式記録の目録 …………………………………… 35
　6　セールス・パブリケーションの目録 …………… 35

2章　国連の事柄・決議・議事録 …………………………… 37

　1　全般 ………………………………………………… 37
　2　基本文書集 ………………………………………… 39
　3　国際連合憲章 ……………………………………… 42
　4　財政 ………………………………………………… 43
　5　人物・国連職員 …………………………………… 44
　6　総会―議題・議事録・決議 ……………………… 45
　7　安全保障理事会―議題・議事録・決議 ………… 49
　8　経済社会理事会―議題・議事録・決議 ………… 50
　9　信託統治理事会―議題・議事録・決議 ………… 52
　10　国際司法裁判所 …………………………………… 52

3章　テーマごとの検索・おもな国連資料 ………………… 55

　1　人権 ………………………………………………… 55
　　1　人権基準の設定 ………………………………… 55
　　2　インターネットで ……………………………… 57
　　3　人権分野の国際会議 …………………………… 58
　　4　人権問題に関する国連文書 …………………… 58
　2　難民 ………………………………………………… 62
　3　平和維持活動・PKO ……………………………… 64
　4　軍縮 ………………………………………………… 66
　5　女性 ………………………………………………… 68
　6　開発 ………………………………………………… 69
　　1　人口と開発 ……………………………………… 69
　　2　社会と開発 ……………………………………… 70
　　3　貿易と開発 ……………………………………… 72
　7　国際法 ……………………………………………… 74
　　1　条約 ……………………………………………… 74

iv　国際機関資料検索ガイド／目次

　　　2　国際法委員会 ································· 75
　　　3　国際商取引法委員会 ··························· 75
　　　4　地球環境に関するおもな条約 ··················· 76
　　　5　有害廃棄物の規制 ····························· 77
　　　6　海洋法 ······································· 78
8　障害者問題と国連 ·································· 80
9　子どもへの援助 ···································· 80
10　高齢者 ··· 81
11　犯罪防止・刑事司法 ······························· 83
12　国際麻薬統制 ····································· 84
13　持続可能な発展・地球環境 ························· 86
　　　1　国連環境計画 ································· 86
　　　2　環境に関する国際会議 ························· 86
　　　3　砂漠化 ······································· 87
　　　4　気候変動・地球温暖化 ························· 88
　　　5　地球環境に関するそのほかの文献 ··············· 90
14　人間居住 ··· 91
15　投資と多国籍企業 ································· 92
16　宇宙空間 ··· 93
17　危険物 ··· 94
18　開発のための科学技術 ····························· 95
19　放射線の影響 ····································· 96
20　国際裁判所 ······································· 97
　　　1　常設仲裁裁判所 ······························· 97
　　　2　国際刑事裁判所 ······························· 97
　　　3　旧ユーゴスラビア国際刑事法廷 ················· 97
21　世界経済 ··· 97
　　　1　地域経済―アジア・太平洋 ····················· 98
　　　2　地域経済―ヨーロッパ ························· 98
　　　3　地域経済―アフリカ ··························· 101
　　　4　地域経済―西アジア ··························· 101
　　　5　地域経済―ラテンアメリカ・カリブ ············· 102

4章　国際統計 … 103

1　国際統計データの索引 … 103
2　統計のための分類 … 103
3　統計のための国名の略称一覧 … 104
4　おもな統計書の内容 … 104

5章　国内の図書館・資料室・代理店 … 109

1　国際連合広報センター … 109
2　国連寄託図書館 … 109
3　国連出版物販売代理店 … 109

第2部　国連専門機関資料

6章　国連専門機関 … 113

1　FAO　国連食糧農業機関 … 113
2　世界銀行グループ（IBRDほか） … 116
3　ICAO　国際民間航空機関 … 118
4　IFAD　国際農業開発基金 … 120
5　ILO　国際労働機関 … 120
6　IMF　国際通貨基金 … 123
7　IMO　国際海事機関 … 125
8　ITU　国際電気通信連合 … 126
9　UNESCO　国連教育科学文化機関 … 127
10　UNIDO　国連工業開発機関 … 129
11　UPU　万国郵便連合 … 130
12　WHO　世界保健機関 … 131
13　WIPO　世界知的所有権機関 … 134
14　WMO　世界気象機関 … 136

7章　国連関係自治機関 …… 137

IAEA　国際原子力機関 …… 137

8章　国連関係政府機関 …… 139

GATT／WTO　関税と貿易に関する一般協定締約国団・世界貿易機関 … 139

第3部　ヨーロッパの国際機関

9章　欧州連合 …… 143

はじめに …… 143
1　第一次法と第二次法 …… 143
2　EUの機構 …… 144
3　EU法制定までの資料 …… 145
4　EU文書、EU法の探し方 …… 147
5　制定過程の探し方 …… 149
6　EUのおもな刊行物 …… 151
7　資料でたどるEUの歴史 …… 158
8　刊行物検索ツール …… 160
9　EU寄託図書館とEU資料センター（EDC） …… 163

10章　欧州評議会 …… 165

はじめに …… 165
1　欧州評議会の組織 …… 166
2　基本資料 …… 166
3　テーマ別基本資料 …… 167
4　おもなヨーロッパ条約 …… 168
5　ヨーロッパ審議会寄託図書館 …… 169

第4部　その他の地域的国際機関

11章　経済協力開発機構 …………………………………………173
1　分野別おもなOECD刊行物 ……………………………………174
2　OECD東京広報センター …………………………………………178

12章　その他のおもな国際機関 ……………………………………179
1　アジア開発銀行 ……………………………………………………179
2　アジア太平洋経済協力会議 ………………………………………180
3　東南アジア諸国連合 ………………………………………………181
4　国際決済銀行 ………………………………………………………181
5　77か国グループ …………………………………………………182
6　北大西洋条約機構 …………………………………………………183
7　欧州安全保障協力機構 ……………………………………………184

13章　国際連盟 …………………………………………………………185
1　国際連盟の機構 ……………………………………………………185
2　定期刊行物の種類 …………………………………………………186
3　一般図書・報告書・会議資料など ………………………………188
4　国際連盟刊行資料検索ツール ……………………………………191
5　文書集 ………………………………………………………………192
6　常設国際司法裁判所の判決・勧告的意見 ………………………192
7　国際連合設立までの資料 …………………………………………194

参考文献 ……………………………………………………………………206
あとがき ……………………………………………………………………207
機関名索引 …………………………………………………………………208

国際機関資料検索ガイド

はじめに

　国際連合、欧州連合、経済協力開発機構といった国際機関は、世界で発生した問題に対処するために、様々な活動をしています。金融、平和維持、災害、防疫、エイズ、食糧問題など、その分野は多岐にわたり、国際機関は世界中から情報を集めて活動しています。国際機関によって集められた情報やその活動の成果は、世界中の人々が共有できるように多くの資料となって発表されています。外国の事情や世界の出来事を調べる際に、こうした国際機関資料にあたってみるというのは、とても有効な方法です。

　本書では、国際機関資料にはどのようなものがあり、どう探していったらよいのかを、紙資料に限らず、インターネット上の資料にも触れながら紹介していきます。ただ、国際機関と一口に言っても、国際機関には政府間国際機関と非政府国際機関（NGO）とがあります。政府間国際機関とは、国家が構成員となり、事務局などの組織をそなえています。本書では政府間国際機関のうち、おもに国際連合、国連専門機関、IAEA（国際原子力機関）、WTO（世界貿易機関）、欧州連合、経済協力開発機構、国際連盟の資料について、取り上げていきます。

注：本書に記載されたURL（=uniform resource location）・連絡先などは一部変更されている可能性があります。

資料に関する略語一覧

略称	正式名称	
ECOSOCOR	Economic and Social Council Official Record	（経済社会理事会公式記録）
GAOR	General Assembly Official Record	（総会公式記録）
GPO	Government Printing Office（USA）	（アメリカ政府印刷局）
ILM	International Legal Materials	（国際法務資料集）
LNTS	League of Nations Treaty Series	（国際連盟条約集成）
SCOR	Security Council Official Record	（安全保障理事会公式記録）
TCOR	Trusteeship Council Official Record	（信託統治理事会公式記録）
TDBOR	Trade and Development Board Offical Record	（貿易開発委員会公式記録）
UNDoc	United Nations Document	（国際連合ドキュメント〈文書〉）
UNTS	United Nations Treaty Series	（国際連合条約集成）

国際機関の活動内容・刊行資料を調べるには

国際機関の概要や主な刊行資料名を知るための資料を紹介します。

❶ *Yearbook of International Organizations.* Edited by Union of International Associations. 5v.年刊 K. G. Saur 国際機関年鑑

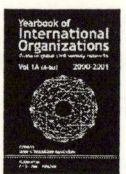

　　　　　国際機関の名称・略称から調べるには、第1巻 Organization descriptions and cross-references を引きます。名称・略称の abc 順に、各機関の所在地、設立年、主な活動、主な刊行物が記述されています。第2巻は国際機関の事務所の所在国・加盟国から引けます。第3巻は活動の分野ごとにどのような国際機関があるかを引くことができ、第1巻への参照があります。第4巻は、国際機関発行の刊行物と国際機関に関する刊行物のリストです。第5巻は統計。

❷ *Transnational Associations: the review of the Union of International Associations.* 隔月刊 Union of International Association. 国際的組織：国際組織連合のレビュー

　　国際機関の動向に関する情報誌。新しく設立された国際機関の紹介が載ることがあります。

はじめに　5

❸ *Journal of Government Information: an international review of policy, issues and resources.* 隔月刊 Pergamon **政府情報ジャーナル：政策・課題・資源の国際的批評**

毎年11月／12月号(No.6)に、国連・国連専門機関・欧州評議会・欧州連合・経済協力開発機構などのおもな刊行物、刊行CD-ROM、各機関の有用なURLがコメント付きで紹介されています。

❹ *International information: documents, publications, and electronic information of international government organizations.* Peter I. Hajnal. Editor. 2nd ed. v.1:1997, v.2:2001. Libraries Unlimited, Inc. **国際情報：政府間国際機関の出版物と電子情報**

政府間国際機関の資料ガイド。インターネットホームページ、CD-ROMについても記述されています。第1巻で扱っている国際機関は国連、欧州連合、経済協力開発機構、国際連盟、IDRC(International Development Research Centre)、G7など。第2巻では、世界銀行、ガット、世界貿易機関(WTO)、国際通貨基金(IMF)、国際民間航空機関(ICAO)など。

❺ *PAIS international in print.* Annual cumulation 通称：パイス

国際機関の刊行物を含めた、公共政策・社会政策に関する文献索引。国際連盟、国際労働機関(ILO)、国連、欧州連合、経済協力開発機構などが刊行した統計書、研究報告書を含んでいます。

❻ 『国際機関総覧 2002年版』外務省総合外交政策局編 日本国際問題研究所刊 2002.3

国連、国連関連政府間機関、欧州連合、経済協力開発機構などの国際機関について次の項目について解説しています。機関名、マーク、所在地、設立経緯・沿革、加盟国、組織・機構、財政、活動事業内容、他の国際機関との関係、日本との関係。

第1部　国際連合

1章　国連資料について

　国連は「文書製造工場」と言われるほど大量の文書を出しています。この点について横田洋三東京大学教授(1999年当時)は次のように述べています。「国連は陰で、『文書製造工場』と言われている。それくらい沢山の文書が、毎年国連から出されている。私が最初に国連事務局を訪れたのは今から25年以上も前のことであるが、その頃国連から出されている文書の量は、A4サイズの紙を重ねた場合の厚さにして、毎年7メートルに達すると教えられた。その後その量は、加盟国の数の増大や国連の組織と活動の拡大などを反映して、相当増えているものと想像される。それもそのはずで、国連は185の言語や文化の異なる加盟国によって構成され、政治、経済、社会、文化、教育、衛生、技術などありとあらゆる問題について、全世界を相手に、研究、調査、報告、審議、政策立案、事業実施、監視などの活動を行っている。このように多様で複雑な組織構造と活動内容を持つ国連では、その活動のすべての段階や側面において、日本国内の組織のように以心伝心でお互いの考えが伝わるというわけにはいかず、何事も文書でまとめ、記録し、相手に了解事項を確認するということをしなければならない。そのうえ、国連文書は同じ内容のものを、原則として6つの公用語(英語、フランス語、ロシア語、中国語、スペイン語、アラビア語)に訳して出さなければならない。このような事情を考えると、国連から出される文書の量が多いのは、当然のこととも言えよう」(『図書館の窓』東京大学総合図書館　38(1)1999.2 p.8-9)。

　国連の資料のうち公開されているものは、世界中の国連広報センターや国連寄託図書館に配布され、一般の人も見ることができます。また、最近はインターネットで入手できる国連文書も増えてきました。図書館でさがすにしろ、インターネットでさがすにしろ、あらかじめ国連資料の種類や識別記号

について知っておくと探しやすくなります。

　国連資料の検索案内は、United Nations Documentation: research guide（http://www.un.org/Depts/dhl/resguide/）
にありますが、ここでも説明しておきましょう。

1　国連資料の種類

　国連資料は形態によって、ドキュメント（文書, Document）、公式記録（Official Records）、パブリケーション（市販用図書刊行物, Publication）の3つに分けられます。

1　ドキュメント（Document）

　国際連合の刊行物は、雑誌や広報用パンフレットを除いて、最初はドキュメントの形で刊行されます。ドキュメントは、国連の会期前や会期中に加盟国の政府代表に配布されます。ドキュメントの内容は、国際連合内各機関の報告、世界事情の報告、各国政府の手紙、会議の議事録などです。ドキュメントはぺらぺらした1枚のものから数十ページのものがあります。その中で重要なものが、あとになって公式記録やパブリケーションといった形で刊行されます。

2　公式記録（Official Records）

　公式記録は、総会、経済社会理事会、安全保障理事会、信託統治理事会、国連貿易開発会議の貿易開発理事会の5機関が発行しており、それぞれ議事録、アネックス（付属資料, Annexes）、サプルメント（補遺, Supplement）という3種類の公式記録があります。

2-1 議事録

総会、安全保障理事会、経済社会理事会、信託統治理事会と、総会の主要委員会の議事録は、会期終了後に公式記録として発行されます。議事速記録と議事概報があります。

2-2 Annexes(付属資料)

会期中の議事の参考資料となるドキュメントを、議題番号順に、再収録したものです。総会のアネックスには議題項目ごとにその議題について総会が行った活動(Action taken by the General Assembly)の解説、項目に関連したドキュメントへの参照(List of other documents pertainig to the items)があります。なお、総会は48会期(1993年)以降Annexesを刊行していません。経済社会理事会は1973年以降、信託統治理事会も1970年以降Annexesを刊行していません。

2-3 Supplement(補遺)

公式記録のサプルメント(補遺)とは、決議集や年次報告書などです。

①	総会公式記録の補遺(General Assembly Official Records, supplement 略称:GAOR Suppl)
	その会期に総会で採択された決議集、事務総長の年次報告、予算報告、委員会・主要機関の年次報告
②	経済社会理事会の公式記録補遺(Economic and Social Council Official Records, supplement 略称:ECOSOCOR Suppl.)
	その会期に経済社会理事会で採択された決議集、経済社会理事会の主要委員会、主要機関の年次報告
③	安全保障理事会の公式記録補遺(Security Council Official Records supplement 略称:SCOR Suppl.)
	季刊で刊行され、主要な安全保障理事会ドキュメント本文が再収録されている。
④	安全保障理事会の公式記録の特別補遺(Security Council Official Records special supplement 略称:SCOR special Suppl.)
	内容は信託統治理事会の年次報告書
⑤	信託統治理事会の公式記録補遺(Trusteeship Council Official Records supplement 略称:TCOR Suppl.)
	内容は信託統治理事会の決議集や信託統治地域への国連派遣団の報告書。

3 パブリケーション(Publication)

市販用の国連刊行物のことです。雑誌、単行書、条約集、年鑑などです。

12　第1部　国際連合

2　ドキュメント記号とセールス・ナンバー、資料の種類

　国連が刊行する資料には、「ドキュメント記号」ないし「セールス・ナンバー」という識別のための記号が印刷されています。「ドキュメント記号」と「セールス・ナンバー」とは、国連文書を探す際の手がかりとなる「住所」に相当します。パブリケーションの場合は、ドキュメント記号がわからなくても、セールス・ナンバーがわかれば、それが「住所」になります。セールス・ナンバーは、パブリケーションにのみついています。

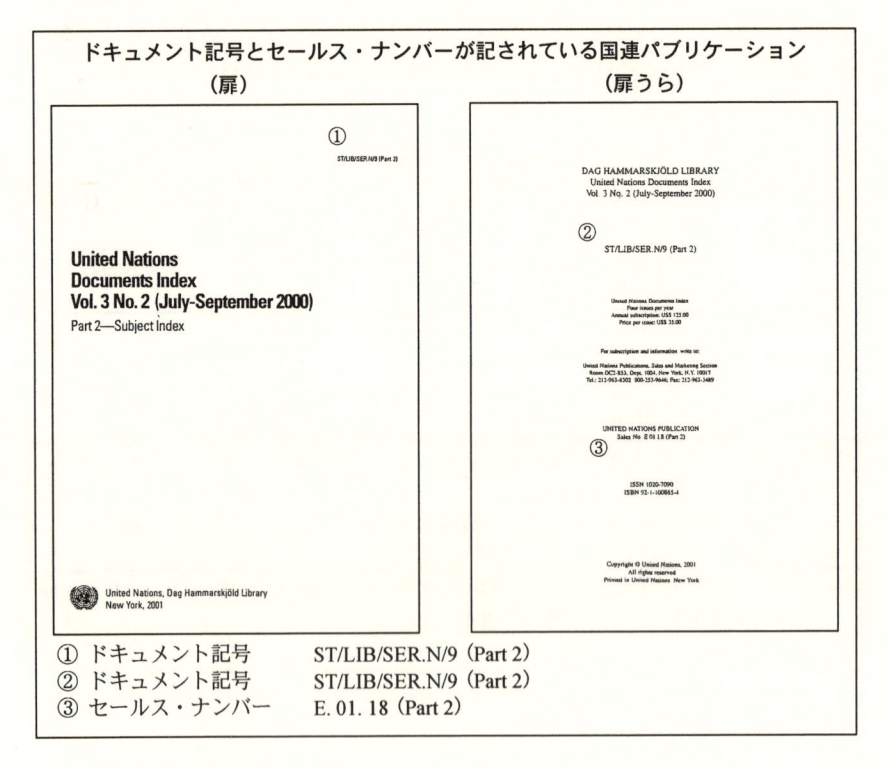

```
ドキュメント記号とセールス・ナンバーが記されている国連パブリケーション
         (扉)                              (扉うら)
```

```
①                                    ST/LIB/SER.N/9 (Part 2)

United Nations
Documents Index
Vol. 3 No. 2 (July-September 2000)
Part 2—Subject Index

                              United Nations, Dag Hammarskjöld Library
                              New York, 2001
```

```
                              DAG HAMMARSKJÖLD LIBRARY
                              United Nations Documents Index
                              Vol. 3 No. 2 (July-September 2000)

                           ② ST/LIB/SER.N/9 (Part 2)

                              United Nations Documents Index
                              Four issues per year
                              Annual subscription: US$ 125.00
                              Price per issue: US$ 35.00

                              For subscription and information write to:
                              United Nations Publications, Sales and Marketing Section
                              Room DC2-853, Dept. 1004, New York, N.Y. 10017
                              Tel.: 212-963-8302  800-253-9646; Fax: 212-963-3489

                              UNITED NATIONS PUBLICATION
                              Sales No. E 01 1.8 (Part 2)
                           ③

                              ISSN 1020-7090
                              ISBN 92-1-100865-4

                              Copyright © United Nations, 2001
                              All rights reserved
                              Printed in United Nations, New York
```

①　ドキュメント記号　　　ST/LIB/SER.N/9（Part 2）
②　ドキュメント記号　　　ST/LIB/SER.N/9（Part 2）
③　セールス・ナンバー　　E. 01. 18（Part 2）

1　ドキュメント記号

　ドキュメント記号は、ドキュメントにも公式記録にもパブリケーションにもついています(雑誌を除く)。

1章　国連資料について　13

目指す文書のドキュメント記号がわかっていたら、それが、ドキュメントなのか公式記録かパブリケーションなのかを、次にさがすことになります。量としては圧倒的にドキュメントが多いのですが、たとえばA/52/2のようにドキュメント記号が「総会を表すAの記号／会期を示す数字／1~49の数字」の資料」は、総会公式記録補遺(GAOR. Supplement)です。また、ドキュメント記号が、ST/ではじまるものは事務局発行なので、まずパブリケーション(市販用刊行物)です。各国連寄託図書館では、ドキュメントと公式記録は、たいていドキュメント記号順にならべてありますが、市販用刊行物のパブリケーションは、ドキュメント記号順に並べたり、セールス・ナンバー順に並べたり、各館独自に整理番号をつけたり様々ですので、各寄託図書館に直接問い合わせると便利です。また、パブリケーションの所蔵状況については、大学図書館の場合、NACSIS Webcat (http://webcat.nii.ac.jp)で検索して、事前に各大学図書館の所蔵状況を確認することができます。

1-1　ドキュメント記号(Document Symbol)

ドキュメント記号は、(雑誌や年鑑、広報資料を除いて)大部分の国連資料についています。表紙・扉の右肩上か裏表紙にあります。アルファベットと数字で構成され、資料を発信した機関・委員会、会期や資料の内容(議事録か決議かなど)を示します。総会の資料のドキュメント記号はA/、経済社会理事会はE/、安全保障理事会はS/、貿易開発会議はTD/ではじまります。

1-1-1　下部機関を示す記号

総会や経済社会理事会の下部には、多くの特別委員会、機能委員会、国際会議があり、それぞれ、A/、E/と下部機関を示す記号を組み合わせて、その委員会を示します。

特別委員会	/AC./
常設委員会	/C./
機能委員会	/CN./
会議	/CONF./
理事会	/GC./
準備委員会	/PC./
小委員会	/Sub./
作業部会	/WG./

第1部 国際連合

主なドキュメント記号の例

総会一般委員会	A/BUR/
総会常設委員会	A/C. /
第1委員会(軍縮・軍備管理)	A/C.1/
第2委員会(経済)	A/C.2/
第3委員会(社会・人道・文化)	A/C.3/
第4委員会(植民地問題)	A/C.4/
第5委員会(行政・予算)	A/C.5/
第6委員会(法律)	A/C.6/
総会特別政治委員会	A/SPC/
総会機能委員会	A/CN. /
国際法委員会	A/CN.4/
国際商取引法委員会	A/CN.9/
総会特別委員会	A/AC. /
会議委員会	A/AC.172 /
情報委員会	A/AC.183 /
気候変動枠組み条約のための政府間交渉会議	A/AC.237 /
総会による国際会議	A/CONF. /
国連環境開発会議(地球サミット)リオデジャネイロ 1992	A/CONF.151 /
世界人権会議 ウイーン 1993	A/CONF.157 /
世界社会開発サミット コペンハーゲン 1995	A/CONF.166 /
小島嶼開発途上国の持続可能な開発に関する会議	A/CONF.167 /
国際人口開発会議 カイロ 1994	A/CONF.171 /
第4回世界女性会議 北京 1995	A/CONF.177 /
国際刑事裁判所設立のための国連外交会議 ローマ 1998	A/CONF.183 /
人種主義、人種差別、排外主義および関連の不寛容に反対する世界会議 ダーバン 2001	A/CONF.189 /
B規約人権委員会	CCPR/
軍縮会議	CD/
女子差別撤廃委員会	CEDAW/
人種差別撤廃委員会	CERD/
子どもの権利委員会	CRC/
国連開発計画	DP/
経済社会理事会	E/
経済社会理事会委員会	E/C. /

1章 国連資料について

第1委員会（政府間機関交渉委員会）	E/C.1 /
第2委員会（非政府間機関委員会）	E/C.2 /
第7委員会（天然資源委員会）	E/C.7 /
第8委員会（開発のための科学技術委員会）	E/C.8 /
第11委員会（人間居住委員会）	E/C.11 /
第12委員会（A規約人権委員会）	E/C.12 /
経済社会理事会機能委員会	E/CN. /
危険物の輸送に関する専門委員会	E/CN.2/
統計委員会	E/CN.3/
人権委員会	E/CN.4/
差別防止・少数者保護小委員会（人権小委員会）	E/CN.4/Sub.2/
社会開発委員会	E/CN.5/
婦人の地位委員会	E/CN.6/
麻薬委員会	E/CN.7/
人口開発委員会	E/CN.9/
犯罪防止刑事司法委員会	E/CN.15/
持続可能な開発委員会	E/CN.17/
経済社会理事会による国際会議	E/CONF. /
第7回地名の標準化に関する国連会議　ニューヨーク　1998	E/CONF.91 /
ヨーロッパ経済委員会	E/ECE/
アジア太平洋経済社会委員会	E/ESCAP/
西アジア経済社会委員会	E/ESCWA/
国連児童基金（ユニセフ）	E/ICEF/
国際麻薬統制委員会	E/INCB/
気候変動枠組み条約	FCCC/
国際人権機関	HRI/
国際人権機関議長会議	HRI/MC/
人間居住センター	HS/
砂漠化防止条約	ICCD/
国際刑事裁判所準備委員会	PCICC
安全保障理事会	S/
新国連海洋法条約	SPLOS/
事務局	ST/
事務局経済社会局統計部	ST/ESA/STAT/
事務局法務部	ST/LEG/

国連タグ・ハマーショルド図書館	ST/LIB/
信託統治理事会	T/
国連貿易開発会議	TD/
貿易開発委員会	TD/B/
国連貿易開発会議	UNCTAD/
国連環境計画	UNEP/

1-1-2　補助記号

補助記号とは、資料の特徴を示すドキュメント記号のことです。

限定配布	/L.
限定配布	/R.
インフォメーション　お知らせ（会議参加者名簿など）	/INF.
非政府組織	/NGO
議長声明	/PRST
訂正	/Corr.
追加	/Add.
改訂版	/Rev.
議事概報	/SR.
議事速記録	/PV.
決議	/Res.
追加資料	/Add.

① 補助記号を付けたドキュメント記号の例
　A/56/PV.1　総会56会期議事速記録の1

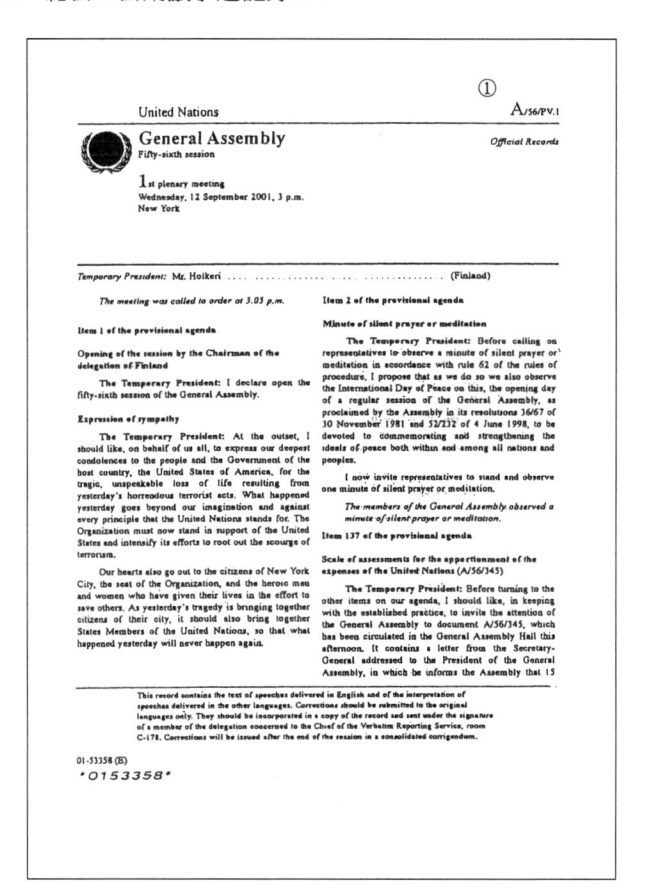

2　セールス・ナンバー(Sales Number)

　国際連合の市販用パブリケーションにはたいていセールス・ナンバーがついています。セールス・ナンバーも、国連刊行物を探すときの手がかりとなる識別記号です。セールス・ナンバーはあくまで、市販用パブリケーションのみについている記号で、ドキュメントや公式記録にはついていません。

例：E.80.II.C.1　これは英語(E: English)で書かれた、世界経済(II.C.)についての1980年発行の第1番目の国連市販刊行物だという意味です。II.C.といったローマ数字とアルファベットは、セールス・カテゴリーといって、その刊行物の分野や発行委員会・機関を示します。

セールス・カテゴリー一覧

	分野・発行委員会・機関		分野・発行委員会・機関
0	情報システム調整諸問委員会、国際軍縮研究所ほかジュネーブ事務局刊行物	III.M	災害救援
		III.N	国連地域間犯罪司法研究所
I	一般参考書	III.P	旧ユーゴスラビア国際刑事法廷
II.A	ビジネス、経済、科学技術	III.R	国連プロジェクトサービス機関
II.B	経済開発	III.S	国際移住
II.C	世界経済	IV	社会問題
II.D	貿易、財政、商業	V	国際法
II.E	ヨーロッパ経済委員会	VII	安全保障、平和維持活動
II.F	アジア太平洋経済社会委員会	VIII	運輸・通信
II.G	ラテンアメリカ・カリブ経済委員会	IX	軍縮、原子力
II.H	行政	X	国際行政
II.K	アフリカ経済委員会	XI	麻薬
II.L	西アジア経済社会委員会	XIII	人口
III.A	国際連合大学	XIV	人権
III.B	国連開発計画	XV	国連訓練調査研修所
III.C	国際婦人調査訓練研修所	XVI	公共財政、会計
III.D	国連環境計画	XVII	国際統計
III.E	国連工業開発機関	XX	国連児童基金(ユニセフ)
III.H	国連人口開発基金	XXV	国連郵政
III.K	国連訓練調査研修所		

> **コラム**　ドキュメントの再録について
>
> 　総会の大半のドキュメント(ドキュメント記号A/)は、年刊の総会公式記録Annexesに再録されます。ちなみに限定配布のドキュメント(補助記号/L.が最後につくもの)は、通常、寄託図書館には配布されないのですが、総会の場合は、限定配布のドキュメントでも、Annexesに再録されるも

のがあります。経済社会理事会のドキュメント(E/, E//L.)の大半も、経済社会理事会公式記録Annexesに再録されていましたが、経済社会理事会は、1973年以降Annexesを刊行していません。安全保障理事会のドキュメント(S/)は、季刊の安全保障理事会公式記録補遺(SCOR.Suppl.)に再録されます。ただ、安全保障理事会公式記録補遺は発行が遅く、1988-1992年と1994年以降が2000年現在未発行です。また、ドキュメントにはあった地図が、補遺に再録されるときには省略されてしまうことがあります。信託統治理事会のドキュメント(T/, T//L.)のほとんどは、信託統治理事会公式記録Annexesに再録されていましたが、信託統治理事会は、1970年以降Annexesを発行していません。

3 主要委員会・主要機関の年次報告の探し方

総会や経済社会理事会の下部機関や下部委員会は、総会・経済社会理事会に対して年次報告を提出しています。年次報告は、総会あるいは経済社会理事会の公式記録補遺で出されます。たとえば、国連難民高等弁務官(UNHCR)の年次活動報告は総会公式記録補遺の12番(GAOR.Suppl.12)として刊行されます。総会公式記録補遺は各機関・委員会ごとに原則として番号が決まっています。*Index to proceedings of General Assembly* (ST/LIB/SER.B/A)巻末に総会公式記録補遺の一覧がでています。

国連難民高等弁務官1999年の報告

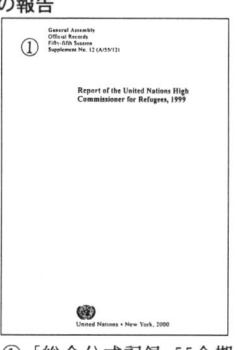

① 「総会公式記録 55会期 補遺12番」とある

また、別の例として、人権委員会の年次報告は、経済社会理事会公式記録補遺(ECOSOCOR. Suppl.)として出されます。経済社会理事会公式記録補遺は番号が決まっていません。年によって、人権委員会の年次報告が補遺のNo.4だったり、No.6だったりします。

ただ、すべての下部機関・補助機関が、総会や経済社会理事会に年次報告を提出しているわけではありません。詳しくは次表を参照してください。

総会、経済社会理事会、安全保障理事会に公式記録を提出する主な委員会・機関

総会委員会・作業部会			
政治関係	パレスチナ委員会	GAOR.SUPPL.35	
	軍縮委員会（UNDC）	GAOR.SUPPL.42	
	植民地独立付与宣言履行特別委員会	GAOR.SUPPL.23	
	国連憲章および国連の役割強化に関する特別委員会	GAOR.SUPPL.33	
	軍縮会議（CD）	GAOR.SUPPL.27	
	宇宙平和利用委員会（COPUOS）	GAOR.SUPPL.20	
	情報委員会	GAOR.SUPPL.21	
	インド和平地帯アドホック委員会	GAOR.SUPPL.29	
科学関係	放射線の影響に関する国連科学委員会（UNSCEAR）	GAOR.SUPPL.46	
経済開発関係	途上国との技術協力レビューに関する委員会（TCDC）	GAOR.SUPPL.39	
	開発への課題に関する作業部会	GAOR.SUPPL.45	
行政財政関係	行政財政問題諸問委員会	GAOR.SUPPL.7	
	国連の財政状況に関する開放型作業部会	GAOR.SUPPL.43	
	国連システムの強化に関する開放型作業部会	GAOR.SUPPL.24	
	安全保障理事会の改革に関する開放型作業部会	GAOR.SUPPL.47	
	合同監視団（JIU）	GAOR.SUPPL.34	
	分担金委員会	GAOR.SUPPL.11	
	国際人事委員会	GAOR.SUPPL.30	
	国連合同職員年金委員会	GAOR.SUPPL.9	
	会議委員会	GAOR.SUPPL.32	
	国連機関所在国との関係に関する委員会	GAOR.SUPPL.26	
法律関係	国際法委員会	GAOR.SUPPL.10	
	国際商取引委員会（UNCITRAL）	GAOR.SUPPL.17	
	国際刑事裁判所設立のためのアドホック委員会	GAOR.SUPPL.22	
人権関係	人種差別撤廃委員会（CERD）	GAOR.SUPPL.18	
	女子差別撤廃委員会（CEDAW）	GAOR.SUPPL.38	
	B規約人権委員会（CCPR）	GAOR.SUPPL.40	
	拷問禁止委員会（CAT）	GAOR.SUPPL.44	
	A規約人権委員会	ECOSOCOR. SUPPL.	
	子どもの権利委員会（CRC）	GAOR.SUPPL.41	

1章　国連資料について　21

総会によって設立された機関	国連開発計画理事会(UNDP)	ECOSOCOR. SUPPL.
	国連環境計画理事会(UNEP)	GAOR.SUPPL.25
	国連難民高等弁務官(UNHCR)	GAOR.SUPPL.12
	国連人権高等弁務官(UNHCHR)	GAOR.SUPPL.36
	国連パレスチナ難民救済事業機関(UNRWA)	GAOR.SUPPL.13
	貿易開発理事会(UNCTAD TD/B)	GAOR.SUPPL.15
	国連大学理事会(UNU)	GAOR.SUPPL.31
	国連訓練調査研修所(UNITAR)	GAOR.SUPPL.14
	世界食糧理事会(WFC)	GAOR.SUPPL.19
	国連児童基金執行理事会(UNICEF)	ECOSOCOR. SUPPL.
	国連人口基金(UNFPA)	ECOSOCOR. SUPPL.
経済社会理事会		GAOR.SUPPL.3

経済社会理事会の下部機構		
機能委員会	統計委員会	ECOSOCOR. SUPPL.
	人口開発委員会	ECOSOCOR. SUPPL.
	社会開発委員会	ECOSOCOR. SUPPL.
	人権委員会(CHR)	ECOSOCOR. SUPPL.
	婦人の地位委員会(CSW)	ECOSOCOR. SUPPL.
	麻薬委員会(CND)	ECOSOCOR. SUPPL.
	犯罪防止刑事司法委員会	ECOSOCOR. SUPPL.
	開発のための科学技術委員会	ECOSOCOR. SUPPL.
	持続可能な開発委員会	ECOSOCOR. SUPPL.
常設委員会	天然資源委員会	ECOSOCOR. SUPPL.
	計画調整委員会(CPC)	GAOR.SUPPL.16
	人間居住委員会	GAOR.SUPPL.8
	新・再生可能なエネルギー開発のためのエネルギー委員会	ECOSOCOR. SUPPL.
地域経済委員会	アジア太平洋経済社会委員会(ESCAP)	ECOSOCOR. SUPPL.
	ヨーロッパ経済委員会(ECE)	ECOSOCOR. SUPPL.
	ラテンアメリカ・カリブ経済委員会(ECLAC)	ECOSOCOR. SUPPL.
	アフリカ経済委員会(ECA)	ECOSOCOR. SUPPL.
	西アジア経済社会委員会(ESCWA)	ECOSOCOR. SUPPL.
常設専門家委員会	開発計画委員会	ECOSOCOR. SUPPL.
安全保障理事会		GAOR.SUPPL.2
信託統治理事会		SCOR. SPECIAL SUPPL.
事務局	事務総長による年次報告	GAOR.SUPPL.1
国際司法裁判所		GAOR.SUPPL.4

4　国連資料全般の検索ツール

ドキュメント記号やセールス・ナンバーがわからない場合は、目録や索引、インターネットを使って調べることになります。

1　*The United Nations documents index*（1950-1973）月刊

国連本部のダグハマーショルドライブラリーに受け入れられた国連刊行物のすべてを機関別、ドキュメント記号順に記してあります。巻末に件名索引があります。

2　*UNDEX: United Nations document index*（1974-1978）(年10回刊)

ダグハマーショルドライブラリーに受け入れられた国連刊行物をコンピュータによって編集したもの。UNIDO、UNCTAD、UNICEF、UNHCR、UNITARや地域経済委員会刊行のドキュメントも含みます。

3　*UNDOC: Current index*（1979-1996.9）(月刊→1986年以降季刊)

ダグハマーショルドライブラリーに受け入れられた国連刊行のドキュメント、公式記録、パブリケーションのリスト。

構成は
① 　ドキュメントとパブリケーションのチェックリスト(ドキュメント記号順)
② 　公式記録リスト(機関別・会期別)
③ 　市販刊行物リスト
④ 　再出版物リスト(ドキュメントの中で、あとから公式記録またはパブリケーションとして再出版されたもの)
⑤ 　掲載言語一覧
⑥ 　件名索引　著者名・機関索引　書名索引
　累積版あり。1979-1983(冊子体)(年刊)

1章 国連資料について 23

4 *United Nations Documents Checklist*(*October 1996-December 1997*)(ST/LIB/SER.M/120)

　1996年9月までの*UNDOC*(前項3)と1998年からの*United Nations Documents Index*(次項5)のあいだの期間(1996.10-1997.12)にダグハマーショルドライブラリーに受け入れられた国連のドキュメント、公式記録、パブリケーション、地図のリスト。

5 *United Nations Documents Index* 1998- 季刊(ST/LIB/SEN/1-)

　1998年以降ダグハマーショルドライブラリーに受け入れられたドキュメント、公式記録、パブリケーション、地図のリスト。
　構成は
① ドキュメントとパブリケーションのチェックリスト(ドキュメント記号順)
② 公式記録リスト
③ 市販刊行物リスト(セールスナンバー順)
④ ドキュメントに含まれる地図
⑤ 一枚ものの地図
⑥ 新しいドキュメント記号のリスト
⑦ 著者名機関名索引
⑧ 書名索引
⑨ 件名索引

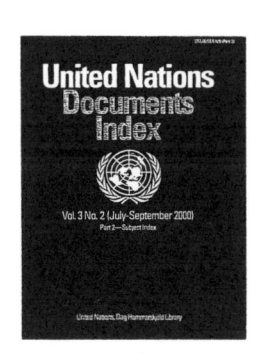

6 *United Nations Document Series Symbols 1946-1996*(ST/LIB/SER.B/8/Rev.5)

　ドキュメント記号の検索ツール。件名索引、団体名索引、シリーズタイトル索引つき。

7 **UNBIS Plus on CD-ROM**　CHADWYCK-HEALEY社

　1975年以降国連本部ダグハマーショルドライブラリーと国連ジュネーブ図書館に受け入れられた国連資料、非国連刊行物の書誌データを収録。国連文書のドキュメント記号、タイトル、ページ数、発行年、公式記録かどうか、件名、典拠となる団体名、議題番号などがわかります。国連文書の全文が画

面で見られるわけではありません。他にも決議の全文、投票結果、スピーチ、議題の一覧、シソーラス、典拠となる著者名・団体名が検索できます。

8　インターネットで

UNBISnet (http://unbisnet.un.org/)

　UNBISnetでは、以下の情報が検索できます。国連ダグハマーショルドライブラリーと国連ジュネーブ図書館に受け入れられた国連刊行物・文書の書誌情報(タイトル、ドキュメント記号、セールス・ナンバー、ページ数、刊行年など)。さらにダグハマーショルドライブラリー所蔵の非国連刊行物の書誌情報(1979年以降)、採択された決議に関する投票記録(1983年第38回総会以降および1946年第1回安全保障理事会以降)、演説(1983年第38回以降の総会、1983年第38回以降の安全保障理事会、1983年以降の経済社会理事会、1983年第15回以降の信託統治理事会)。

1章 国連資料について   25

> **コラム　UNBISnetの検索のしかた**
>
> United Nations - Dag Hammarskjöld Library
> UNBISnet - UN Bibliographic Information System
>
> UNBISnet is shut down for maintenance on Monday through Friday at 8PM Eastern Time for approximately 1 hour.
>
> **Bibliographic Records**
>
> Catalogue of UN publications and documentation indexed by the United Nations Dag Hammarskjöld Library and the Library of the UN Office at Geneva. Also included are non-UN publications held in the collection of the Dag Hammarskjöld Library. UNBISnet coverage is primarily from 1979 forward, however, indexing for resolutions of the General Assembly, Economic and Social Council, Security Council and Trusteeship Council are included back to 1946.
>
> - Simple Keyword Search
> - Advanced Keyword Search
> - Browse List
>
> **Voting Records**
>
> The voting records for all resolutions which were adopted - either without a vote or by roll-call or recorded vote - by the General Assembly beginning with its 38th session (1983-) and the Security Council beginning with its 1st year (1946-).
>
> - Simple Keyword Search
> - Advanced Keyword Search
> - Browse List
>
> **Index to Speeches**
>
> Citations to speeches made in the General Assembly beginning with its 38th session (1983-), the Security Council beginning with its 38th year (1983-), the Economic and Social Council beginning in 1983 and the Trusteeship Council beginning with its 15th special session (1982).
>
> - Simple Keyword Search
> - Advanced Keyword Search
> - Browse List
>
> Other UN Document Resources
> - Thesaurus
> - UN Documentation Research Guide
> - UN-I-QUE (UN info quest)
> - Documents Alert
> - Landmark General Assembly Documents
> - UN Documentation Centre
> - UNCAPS - Union Catalogue of UN System Libraries
>
> Library Home
> UN Home
>
> Comments:dhl_www@un.org
>
> ©2003 UN

① **Author search（著者名検索）**

①-1　Author search-Keyword（著者名検索—キーワード）

個人名・団体名・会議名、協定・宣言・条約の正式名などのことばから検索できます。検索対象資料の限定（国連資料か非国連資料か、または両方）と検索結果の並べ替えのしかたを指定できます。単語のあいだにスペースを入れれば、AND検索されます。ORとNOTは入れる必要があります。

　トランケーションは＊（アスタリスク）です。wom*nといれれば、womenもwomanも検索されます。

例：conference desertification 1977

　→1977年にナイロビで開催された国連砂漠化会議で発行された資料の書誌データが検索されます。

例：ghali

→ブートロス・ブートロス＝ガーリの著作が検索されます。
　資料形態コードで限定することもできます。
例：commission human rights 53rd B04
→人権委員会第53会期の年次報告（B04は年次報告を示す資料形態コード）

①-2　Author-Alphabetic（著者名検索－ブラウズ検索）

　著者名（個人名・団体名・会議名、協定・宣言・条約の正式名など）のアルファベット順のリストから検索します。

例：hammarskjold
→Dag Hammarskjoldの著作を検索します。リストの前後も検索してヒット件数を表示します。

②　Title Search（タイトルからの検索）

②-1　Title-Keyword（タイトルキーワードからの検索）

　タイトルやシリーズタイトル、協定・宣言・条約の正式名などのことばすべてから検索します。検索対象資料の限定（国連資料か非国連資料か、または両方か）と検索結果の並べ替えのしかたを指定できます。

例：wom*n emancipation
　→emancipation（解放）とwoman,women（女性）ということばをタイトルに含む資料を検索

例：convention objects outer space A19
　→「宇宙空間に打ち上げられた物体の登録に関する協定」のテキストを検索（A19は条約・協定を示す資料形態コード）

②-2　Title-Exact（正式なタイトルからの検索）

③　Subject Search（主題検索）

③-1　Topical Subjects-Keyword（UNBISシソーラス収録の主題からのキーワード検索）

　UNBISシソーラス（後述）収録の主題を示すことば（地名は含むが固有名詞は除く）からの検索。
　検索対象資料の限定（国連資料か非国連資料か、または両方か）と検索結果の並べ替えのしかたを指定できます。単語のあいだにスペースを入れれば、AND検索されます。ORとNOTは入れる必要があります。トラン

ケーションは＊（アスタリスク）です。wom*nといれれば、womenもwomanも検索されます。

例：refugees not kosovo
　→コソボをのぞく、難民についての資料
　資料形態コードで限定することもできます。

例：East Timor B01
　→東チモールに関する国連決議（B01は国連決議を示す資料形態コード）

③-2　Topical Subjects-Alphabetic（UNBISシソーラス収録の主題からのブラウズ検索）
　UNBISシソーラスのディスクリプタ（検索語）からの検索

③-3　Subjects-Keyword（主題検索－キーワード）
　主題を示すことば（個人名・団体名・会議名を含む）からの検索。検索対象資料の限定（国連資料か非国連資料か、または両方か）と検索結果の並べ替えのしかたを指定できます。単語のあいだにスペースを入れれば、AND検索されます。ORとNOTは入れる必要があります。トランケーションは＊（アスタリスク）です。wom*nといれれば、womenもwomanも検索されます。

例：apartheid sports
　→スポーツにおけるアパルトヘイトを禁止する国際条約（1985）に関する資料を検索
　資料形態コードで限定することもできます。

例：tribunal rwanda B01
　→国際ルワンダ法廷に関する国連決議（B01は国連決議を示す資料形態コード）

③-4　Subjects-Alphabetic（主題からのブラウズ検索）
　主題を示すことばのアルファベット順リストからの検索

④　UN Document Symbol/Sales Numbers（国連ドキュメント記号・セールスナンバーからの検索）

注意点
1．検索結果は自動的にソートされます。1の次は2でなくて、11にな

ってしまいます (1. 11. 12. 13. ... 19. そのあとに 2... と、並びます)。
2. セールスナンバーの最初の言語を示すアルファベット (Eなど) は不要です。

例：A/53/2
→A/53/2の国連資料の書誌情報が検索される。

例：99.I.16
→セールスナンバー99.I.16の国連資料の書誌情報が検索される。

⑤ **UN Document Series**
機関や会議を示すドキュメント記号からの検索。会期を組み合わせることもできます。

例：E/CN.4 53
→人権委員会が第53会期に提出した文書の書誌情報
A/CONF.165 1996
→1996年にイスタンブールで開催された人間居住に関する国連会議の文書の書誌情報

⑥ **UN Agenda Document-Item No. (議題番号からの検索)**
議事録文書・項目番号からの検索

例：A/53/251 13
→国連総会第53会期に発行された議題番号13 (国際司法裁判所の年次報告) に関する文書

⑦ **Voting Records-Keyword (投票記録のキーワード検索)**
タイトル、議題中のタイトル、議題の主題を示すことばからの検索。単語のあいだにスペースを入れれば、AND検索されます。ORとNOTは入れる必要があります。

例：namibia
→ナミビアに関する決議のデータと投票結果

⑧ **UN Resolutuins Symbols (国連決議のドキュメント記号からの検索)**
例：A/RES/53/107
→国連総会決議53会期107

⑨ **Voting Record Display (投票記録の表示)**

決議の内容の要約と各国の投票行動も表示されます。

〔総会の場合〕

Y	賛成
N	反対
A	棄権（Abstention）
blank	不参加
9	国連憲章19条にもとづき投票資格なし

〔安全保障理事会の場合〕

P	常任理事国
R	非常任理事国
Y	賛成
N	反対
A	棄権（Abstention）

⑩　Index to Speeches（議事録索引）

⑩-1　Index to Speeches -Speaker/Country/Organization（議事録索引－個人名等）

国連総会・安全保障理事会・経済社会理事会・信託統治理事会で演説した人の、個人名・国名・組織名からの検索。会期も指定できます。

例：thatchar 34

→マーガレット・サッチャーの第34会期の演説に関するデータ

⑩-2　Index to Speeches-Keyword（議事録索引－キーワード）

個人名・国名・組織名および議事録のタイトル、議題項目のことばからの検索。

例：annan peacekeeping 54

→アナン事務局長による第54会期の総会または安全保障理事会での平和維持活動についての演説のデータ

⑪　Date Search（発行日検索）

キーワード検索の際に、発行年月日を「.dt.」の前に入れて検索できます。形式はYYYYMMDD。トランケーションは＊（アスタリスク）です。

例：1998年に発行されたテロに関する刊行物を知りたい

→Topical Subject keywordを選択し、「terrorism 1998*.dt.」と入力します。

付・資料形態コード

A01	addresses, essays	演説など
A03	calendars/lists of conferences	カレンダー、会議リスト
A05	book reviews	書評
A06	dissertations	論文
A07	handbooks, manuals	ハンドブック、マニュアル
A08	source materials	ソース・マテリアル
A09	country studies	各国の研究
A10	biographical material	人物に関する資料
A12	annual reports (not UN)	年次報告(国連以外)
A14	industry analysis	産業分析
A15	law reports/court decisions/judgements	判例
A16	conferences, etc. (proceedings/final reports)	会議資料(議事録・最終報告)
A17	source materials (draft)	ソース・マテリアル(ドラフト)
A19	treaties, etc.	条約ほか
A20	declarations (multilateral)	多数国間宣言
B01	resolutions/decisions (UN)	国連決議
B02	resolutions/decisions (UN)-draft	国連決議案
B03	meeting records (UN)	議事録(国連)
B04	annual/sessional reports (UN)	年次・会期報告(国連)
B07	voting (UN)	投票
B08	annual/sessional reports (UN)-draft	年次・会期報告(国連)(草案)
B09	development projects	開発プロジェクト
B10	terms of reference (UN)	レファレンスターム
B11	maps (in UN documents)	地図
B12	administrative issuances (UN)	事務用配布物
B13	sales publications (UN)	販売用刊行物
B14	reports of states party to various agreements	様々な協定への加盟国のレポート
B15	reports/letters (UN Secretary-General)	国連事務総長報告・書簡
B16	reports/studies	レポート・研究
B17	statements (Security Council President)	安全保障理事会議長声明
B18	letters (not UN Secretary-General)	書簡(国連事務総長以外)
B19	miscellaneous	その他
B20	press releaese (SG/SM series)	プレス・リリース

B21	NGO written statements	NGOの文書による声明
B22	speech citation（General Assembly, Security Council, ECOSOC）	演説の引用（総会、安全保障理事会、経済社会理事会）
B23	voting record（General Assembly, Security Council）	投票記録（総会、安全保障理事会）
C01	government documents/publications	政府文書・政府刊行物
C02	intergovermental documents/piblications	政府間文書・刊行物
C03	UN（used in CATFILE only for a UN document）	
C08	specialized agencies（incl. GATT and IAEA）material	専門機関資料（ガットとIAEAを含む）

(このコラムはUNBISNETヘルプ画面から筆者作成)

9　インターネットで

UN Information Quest　通称：UN-I-QUE（http://lib-unique.un.org/lib/unique.nsf）

　1947年から現在までの、国際連合文書のドキュメント記号、セールスナンバーが検索できるデータベース。国連加盟を承認する決議、国際年・国連の10年を制定する決議、総会演説、総会主要委員会の報告書、人権・国際法に関する特別報告官作成の報告書、人権に関する各国提出報告書、主要な国連会議の報告書のドキュメント記号が検索できます。

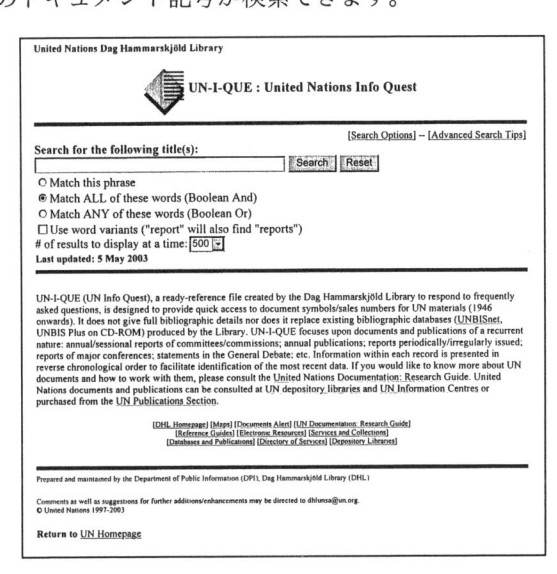

コラム　UN-I-QUEの検索のしかた

　探し方の基本は、searchフィールドに検索単語(単語間は空白)を入力して、フィールド下のボタンで検索演算子を選択し、Searchをクリックします。ヒットした検索結果をクリックするとドキュメント記号が表示されます。

〔演算子の選択〕

演算子	使い方
Match this phrase	近接演算子「A　B」ならばABの順のフレーズは検索されるが、BAの順は検索されません。
Match all of these words	論理積　すなわちAND検索のこと
Match any of these words	論理和　すなわちOR検索
Use word variants	前方一致　このボタンをチェックすると自動的に前方一致検索になります。
NOT	論理差　「A NOT B」ならばAを持つがBを持たないものを検索
NEAR	近接演算子　「A near/3 B」ならば、AとBが3語以内(A of Bなど)にあるものを検索
*	正確な綴りがわからないときに使います。「lab*r」なら「labour」も「labor」も検索できます。

〔UN-I-QUEの検索のポイント〕

① **報告**

- 各機関の年次報告…機関名(略称でも可)とreport
- 国際会議最終報告書…A/CONF, E/CONFなどのドキュメント記号を入れる。またはConferenceと会議名のキーワード
- 総会主要委員会の報告…委員会ナンバー(fifth, 5thなど)と会期(53rdなど)
- 国際人権条約による各国提出報…国名(Japanなど) AND periodic AND 条約名のキーワード(childなど)
- 人権・国際法に関する特別報告官報告…報告官の名前やキーワードで検索。人権分野ならhr、国際法ならilで限定できます。
- 内国視察団の報告…oios AND キーワード
- 合同監視団の報告…jiu AND キーワード
- オブザーバーの報告…機関名 AND cooperation

1章　国連資料について　33

② **決議（resolutions）**
- 国際日・国際年・国際10年を制定する総会決議…days/years/decades AND assembly
- 国連加盟に関する安全保障理事会・総会決議…membership AND UN
- 事務総長を任命する決議・就任演説…事務総長の名前で検索できます。また、SG AND appointment でも検索できます。
- オブザーバー承諾総会決議…observer AND status

③ **おもな文書**
- 上級職員の経歴…人名　または機関名
- 総会一般演説…会期(51stなど)や国名 AND debate
- 総会で採択された宣言…declaration/decl AND キーワード (childなど)
- 国際機関による宣言・コミュニケ・最終文書…decl AND 国際機関名 (Organization of African UnityまたはOAUなど)
- 行動計画…prog AND キーワード
- 戦略…strat AND キーワード
- イラク・クウェートに関する主要文書… ik で限定できます。ik AND sg で、イラク・クウェートに関する事務総長報告。ik AND resolutionsで、イラク・クウェートに関する決議が検索できます。
- 特別総会・緊急特別総会の議題…sessions AND assemblyと入れて、完全一致Exact matches onlyを選択します。

UN-I-QUE advanced search tips (http://lib-unique.un.org/lib/unique.nsf) および『UN-I-QUE：United Nations INFO QUESTの使い方』(平成11年2月7日　愛知県図書館国連寄託図書館作成)、『UN-I-QUE：United Nations INFO QUESTの検索と利用』(2000.10.26 中央大学図書館荒木康裕氏作成・国連寄託図書館会議配布資料)を元に、このコラムを作成しました。

10 インターネットで

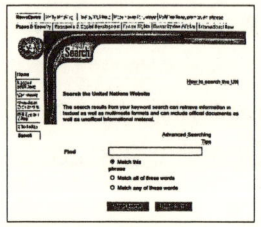

UN-search(http://www.un.org/search/)

1990年代半ば以降の国連文書収録。UNのホームページのサーチ。ヒットすれば原文が、そのまま入手できます。

〔演算子の選択〕

Match this phrase	近接演算子 「A B」ならばABの順のフレーズは検索されるが、BAの順は検索されません。
Match all of these words	論理積 すなわちAND検索のこと
Match any of these words	論理和 すなわちOR検索

11 インターネットで

UN-ODS(**United Nations Optical Disk System**)(http://www.ods.un.org/ods)

総会、安全保障理事会、経済社会理事会、信託統治理事会のすべての決議、ドキュメント本文が保管されています。セールスパブリケーションは含まれていません。利用登録要。有料です。全国の国連寄託図書館で利用できるところがあります。

コラム　UNBIS シソーラス

UNBIS THESAURUS: trilingual list (English, French, Spanish) of terms used in subject analysis of documents and other materials relevant to United Nations programs and activities. (ST/LIB/40/Rev.1)

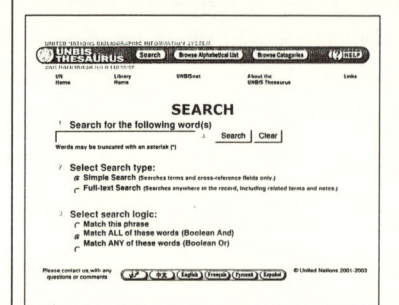

国連の文書・パブリケーションは、国連ダグハマーショルドライブラリーで、United Nations Bibliographic Information System（UNBIS）のもと整理され、ひとつひとつの文書に、その主題・内容を示す件名がつけられています。この件名になる用語の一覧が

UNBISシソーラスです。たとえば、国連の図書館で働く人についての国連文書をUNBISやUNDOCでさがす前に、UNBIS THESAURUSのLIBRARY EMPLOYEESのところを見ると、USE: LIBRARY TECHNICIANSとあり、国連図書館員に関する国連文書の件名は、LIBRARY EMPLOYEESではなく、LIBRARY TECHNICIANSであることがわかります。

　UNIBISシソーラスのインターネット版のURLはhttp://unhq-appspub-01.un.org/LIB/DHLUNBISThesaurus.nsf

5　公式記録の目録

1　*United Nations official records: 1948-1962 a reference catalogue.* 1963 United Nations.（ST/CS/SER.J/2）
　総会、国際法委員会、安全保障理事会、原子力委員会、軍縮委員会、経済社会理事会、信託統治理事会の公式記録の目録

2　*United Nations official records: 1962-1981.* 1982 United Nations.
　総会、安全保障理事会、軍縮委員会、経済社会理事会、信託統治理事会、貿易開発理事会の公式記録、安全保障理事会の決議集の目録

6　セールス・パブリケーションの目録

1　*Ten years of United Nations Publications 1945-1955: a complete catalogue.* 1955　Dept. of Public Information, United Nations.

2　*United Nations Publications: 1945-1966.* **1967 United Nations.**（ST/CS/SER.J/8）

3 ***The Complete Reference Guide to United Nations Sales Publications: 1946-1978.*** 1982 UNIFO Publishers.I Catalogue II Indexes

4 ***Books in print of the United Nations System compiled by the Advisory Committee for the Co-ordination of Information Systems.*** 1992（GV.E.92.0.18）

5 インターネットで

United Nations publications catalogue（http://www.un.org/Pubs/update/update.htm）

セールスパブリケーションのカタログの最新版。書名順リストと分野別の書名順リストがあります。

```
                United Nations Publications Catalogue
                                        Updated: 14 March 2003
                        Alphabetical Listing
            A B C D E F G H I J K L M N O P Q R S T U V W X Y Z

                           Subject Areas

                • Official Records
                • Political Science & International Affairs
                • Economics & International Business
                • International Law and Legal Affairs
                • Sociology & Social Issues
                • Women's Studies & Family Issues
                • Environment & Sustainable Development
                • Population & Urban Studies
                • Reference

                Lists of new publications:   [By release date ▼]

          [ UN Homepage ] [ Publications ] [ What's New ] [ Catalogue ] [ Bookshop ]
                        [ Special Offers ] [ Textbooks ]

            Contact us with your questions, comments and suggestions
                at publications@un.org or call toll free: 1-800-253-9646

                      Copyright © United Nations 1997-2003
```

2章　国連の事柄・決議・議事録

1　全般

1　***Encyclopedia of the United Nations and International Relations.*** 2nd ed.1990. Taylor and Francis.

　国連および国際関係の百科事典。憲章や宣言文などの本文がそのまま再録されています。1990年以前の国連の活動を調べる場合、まずこの百科事典にあたるとよいでしょう。

2　***United Nations Yearbook. Yearbook of the United Nations.***（年刊）

　国連の活動のうち、何年のできごとかわかっていれば、この*Yearbook*を見ます。その年の国連の活動が詳しく解説されています。決議などは本文が再録されています。巻末に詳しい件名索引あり。

3　***UN Chronicle***（季刊）
　国連の活動の広報誌

4 ***Basic Facts about the United Nations.*** 2000（DPI/2155）

　国連の沿革、組織、活動について詳しく解説されています。巻末には事項索引のほかに次のような一覧があります。国連加盟国一覧、国連加盟国加盟年順、植民地独立付与宣言採択後に独立を達成した信託統治・非自治地域一覧、植民地独立付与宣言が適用され続ける地域一覧、自決権を行使した信託統治地域一覧、PKO平和維持活動一覧、国連予算、国際の10年・国際年、国際デー・国際週間、世界の国連広報センター一覧、国連WEBサイト一覧、国連刊行物案内、国連刊行物入手先一覧

5　『国際連合の基礎知識』　国連広報センター監訳（改訂6版）　世界の動き社刊　2002

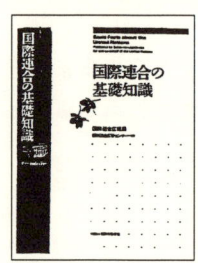

　Basic Facts about the United Nations 2000 の翻訳版。巻末に国際連合憲章（英文・和文）、国際連合機構図（和文）、国連機関・委員会等和英対照表、国連主要機関構成国一覧、国連加盟国加盟年順、国連加盟国と分担率、日本にある国連機関一覧、国際年・国際デー・国際の10年・国際週間（和文・英文）

6　『国際連合』世界地理大百科事典1　朝倉書店　2000

　国連および専門機関、ガット、IAEAの組織と活動が解説されています。

7 ***United Nations handbook.*** New Zealand, Ministry of Foreign Affairs & Trade.（年刊）

　国連各機関の設立目的、構成国、委員名、ニューヨーク以外の国連機関の住所・電話/FAX番号、E-mailとホームページのアドレスが掲載されています。

2章　国連の事柄・決議・議事録　39

8　*A Global Agenda: issues before General Assembly of the United Nations: an annual publication of the United Nations Association of the United States of America.* University Press of America.(年刊)

アメリカ国連協会の刊行物。平和維持・軍縮、経済・社会問題、地球環境、人権、国際法など世界の課題への国連の取り組みを解説しています。巻末に件名索引あり。

9　*Report of the Secretary-General on the work of the organization.* (GAOR.Suppl. no.1)

国連事務総長による年次報告書。毎年の総会公式記録(GAOR)補遺の1番が、事務総長による国連活動の年次報告です。

10　*Annual report on the work of the organization.* UN Dept.of Public Information.

国連事務総長年次報告のパブリケーション版。公式記録版の内容を広く知らしめるために、国連広報局でパブリケーション版の年次報告も刊行しています。

2　基本文書集

民間出版社から、国連をはじめとする国際機関の基本的な文書を再録した文書集が刊行されています。国連文書本体にあたる前に、こうした基本文書集を見たほうが近道となる場合があります。

1　*International organization and integration: annotated basic documents and descriptive directory of international organizations and arrangements.* 2nd ed. Rev. ed. 1981-84. 5v. Martinns Nijhoff Publishers.

国際連盟、国際連合、専門機関、地域的国際機関の重要文書(憲章、設立条約、規約、採択された主要決議)の本文が掲載されています。件名索引あり。

v. 1A 国際連合
国際連合設立までの主要文書、国際連合憲章、テーマ別国連主要文書・決議(国際法、平和維持、軍縮、経済・社会、人権、環境保護)

Suppl. 1A
v.1A発行(1981)後に新たに締結された国連の条約・宣言を再録。国連海洋法(1982)、国際機関と国家に関するウィーン条約(1986)、UNTAC(1991)などPKO関係文書、通常兵器禁止条約(1993)、世界人権会議におけるウィーン宣言(1993)、子どもの権利条約(1989)、環境と開発に関するリオデジャネイロ宣言(1992)などが再録されています。

v. 1B 国連専門機関(設立協定、憲章)

Suppl. 1B
WTO設立条約(1994)、MIGA設立条約(1985)などを再録。

注:1981年の v.1A, v.1B 刊行後に一部改正された条約などは、その改正条文だけが Suppl.1A, Suppl. 1B に再録されていますので、条約の全文は v.1, Suppl. 1 とを合わせて見る必要があります。詳しくは Suppl. 1A, 1B の Table of contents を参照して下さい。

v. 2A 欧州共同体
v. 2B-J 地域的機関
WEU、NATO、CE EFTA、OECD、IEA、BIS、ライン河委員会、OAS(米州機構)、SELA(ラテンアメリカ経済機構)、ASEAN、OAU(アフリカ統一機構)、コロンボプラン

v. 2K そのほかのテーマ別基本条約・文書
国際私法、人権(地域的人権規約、ILOやUNESCOの人権関係の規約)、テロリズム、商品協定、海洋汚染、油濁、海洋・河川、漁業、運輸・通信(INTELSAT、INMARSAT)

2 *The United Nations system and its predecessors.v.1* Oxford University Press. 1997.

次の文書の本文が収録されています。出典も記されています。

国際連合憲章、議事手続き規則(総会、経済社会理事会、安全保障理事会、国際司法裁判所)、主要機関を設立する決議(UNHCR, UNCTAD, UNEP, UNICEF, UNU, UNHCR, UNHCHR)、核兵器不拡散条約、侵略の定義決議、化学兵器禁止条約、

通常兵器の登録制度、友好関係宣言、新国際経済秩序の確立に関する宣言、開発権に関する宣言、人間環境宣言、世界自然憲章、環境と開発に関するリオデジャネイロ宣言、集団殺害犯罪の防止及び処罰に関する条約(ジェノサイド条約)、世界人権宣言、婦人参政権条約、人種差別撤廃条約、自由権規約、経済・社会権規約、女子差別撤廃条約、子どもの権利条約、拷問等禁止条約、難民条約、難民議定書、宇宙条約、安全保障理事会主要決議(韓国1950、コンゴ1960、キプロス1964 ローデシア1965/66 中東1967・73 南アフリカ1977、ナミビア1978、イラン・イラク1987、イラク・クウェート1990-92、リビア1992、旧ユーゴスラビア1992/93、ソマリア1992、ハイチ1994)、国連専門機関およびIAEA, WTOの憲章・協定

3 *Annual review of United Nations affairs 1949-*(年刊) Oceana Publications, Inc.

　総会の決議・決定、安全保障理事会の決議、安全保障理事会の年次報告(GAOR. Suppl.2)、経済社会理事会の年次報告(GAOR. Suppl.3)、国際司法裁判所の年次報告(GAOR. Suppl.4)、事務総長年次報告(GAOR.Suppl.1)、主要機関の年次報告(ECA, ECDE, ITC, UNICEF, UNDP, UNHCR, UNIFEM, UNITARなど)のほか、その年の主要なドキュメントが再録されています。

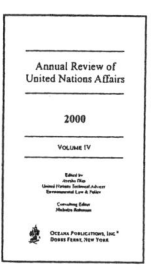

4 *Public Papers of the Secretary-General of the United Nations.* Columbia University press. 1967-1977.

v.1 Trygve Lie　　v.2-5 Dag Hammerskjold　　v.6-8 U Thant

　初代トリグブ・リー(ノルウェー　1945-53)、2代ダグ・ハマーショルド(スウェーデン　1953-61)、3代ウ・タント(ビルマ、現ミャンマー　1961-71)までの各事務総長の演説・声明の本文が収録されています。

5 *International Legal Materials* 通称：ILM. American Society of International Law(隔月刊)

　国際機関関係の主要文書、決議、協定、条約、草案の本文が掲載されます。出典も記されています。

42　第1部　国際連合

6　『国際政治経済資料集』細谷千博監修　有信堂高文社
　　1999

7　『国際機構条約・資料集』(第2版)　香西茂・安藤仁介編
　　東信堂　2002

8　『ベーシック条約集』東信堂、『国際条約集』有斐閣、『解説条約集』三省堂

3　国際連合憲章

1　*The Charter of the United Nations: a commentary.* edited by Bruno Simma. Oxford University Press. 1994.

2　*Documents of the United Nations Conference on International Organization.* 1945-54. 22v. United Nations Information Organization.

国際機構の設立に関する連合国会議(略称UNCIO .1945.4.25-6.26 サンフランシスコ)の文書集成。国連憲章を作成するために開かれた会議の議事録、報告、会議参加国の提案が22冊に収められています。国連憲章審議の基礎となったダンバートン・オークス案も収録されています。

各巻の構成は以下の通り。

v.1.2	General	(一般)
v.3	Dumbarton Oaks	(ダンバートン・オークス案　英文)
v.4	Dumbarton Oaks	(ダンバートン・オークス案　仏文)
v.5	Delegation Chairman, Steering Committee, Executive Committee	(代表・議長会議、運営委員会、執行委員会)
v.6.7	Cimmission I General Provisions	(第1委員会　一般規定)
v.8-10	Commission II	(第2委員会　総会に関する研究)
v.11.12	Commission III	(第3委員会　安全保障理事会に関する研究)
v.13	Commission IV	(第4委員会　司法裁判所に関する研究)

v.14	Committee of Jurists	(法律専門家による委員会)
v.15	Co-ordination Committee	(調整委員会)
v.16	Index (first 15 volumes)	(索引)
v.17.18	Co-ordination Committee and Advisory Committee of Jurists	(調整委員会、諸問委員会　英文)
v.19.20	Co-ordination Committee and Advisory Committee of Jurists	(調整委員会、諸問委員会　仏文)
v.21	General Index	(総索引　英文)
v.22	General Index	(総索引　仏文)

3　*Preparatory of practice of United Nations Organs.* 1955- United Nations.(不定期刊)

　国連諸機関の慣行集。国連憲章の規定を実施した各機関の決議や規定を引用した決議、国連憲章の規定に関連した決議を掲載しています。各規定の本文・注釈・適用頻度と範囲を示す概説、決議をうらづける慣行の分析などが記されています。

4　『コマンテール国際連合憲章　国際連合憲章逐条解説』アラン・ピレ／ジャン＝ピエール・コット共編　東京書籍　全2巻　1993

5　『国連法　United Nations Law』藤田久一著　東京大学出版会　1998

4　財政

1　『国連財政』田所昌幸著　有斐閣　1996

2　*Proposed programme budget for the biennium...* (GAOR Suppl.6)
　国連の予算書(隔年発行)。総会公式記録補遺6。

3　*Medium-term plan for the period...* (GAOR Suppl.6)
　国連事業中期計画(予算書と隔年交代で発行される)

4　*Financial report and audited financial statements.* (GAOR Suppl.5)

　国連財政報告書。第1巻が国連全体、第2巻は国連平和維持活動、第3巻が国際貿易センター (ITC)、第4巻が国連大学の財政報告書。また、特別基金 (国連人口基金、国連環境基金、国連難民高等弁務官事務所、中東難民救済計画、国連児童基金、国連開発計画など) の財政報告書は、総会公式記録補遺5の追加 (ドキュメント記号A/(会期)/5/Add.) として発行されます。

5　*Status of contributions* (UNDoc ST/ADM/SER.B/)

　加盟各国の分担金支払い状況一覧。滞納額 (contributions outstanding) も掲載されています。

6　*Advisory Committee on Administartive and Budgetary Questions, first report on the proposed programmee budget...* (GAOR Suppl.7)

　行財政問題諮問委員会 (ACABQ) の通常予算に関する報告書

7　*Report of the Committee for Programme and Coordination on the work of...* (GAOR Suppl.11)

　計画調整委員会 (CPC) の活動報告書

5　人物・国連職員

1　*Who's who in the United Nations and related agencies.* 2nd. ed. Ommigraphics, Inc. 1992

2　*Who's who in international organizations.* 2nd. ed. K.G.Saur. 1996.

3　『主要国際機関の日本人職員名簿』外務省総合政策局国際社会協力部国連行政課国際機関人材センター

　氏名、国際機関での所属、着任時期、出身組織が掲載されています。

2章　国連の事柄・決議・議事録　45

4　*Report of the Secretary-General on the composition of the Secretariat.*(UNDoc)
　国連事務局職員の出身国別、男女別、グレード別構成が毎年、総会のドキュメントで公表されています。

6　総会—議題・議事録・決議

1　『国際連合総会の事業』1957年～　外務省総合外交政策局国際社会協力部国連行政課
　国連総会の各会期ごとに、審議された各議題について審議経過と結果が概説されています。採択された決議・決定も再録されます(英文)。巻末に、日本国総理大臣一般討論演説文(和文)、我が国代表団の構成(政府代表、代表代理、顧問、随員)、国連加盟国一覧(地域別)、国連総会主要決議・決定一覧(議題別　票決年月日・票決結果・日本の投票態度・決議番号)、国連総会議題一覧(和文)・本文対照表、国連総会議題一覧(英文)

2　*Statements delivered by delegates of Japan during regular session of the General Assembly of the United Nations.* Multilateral Cooperation Dept. Ministry of Foreign Affairs.
　日本代表の国連総会での演説(英文)が収載されています。

3　*Index to proceedings of the General Assembly.* (38th sessionから、pt.I, pt.IIに分冊刊行。会期ごとに刊行。)(ST/LIB/SER.B/A)
　pt.I Subject index　各委員会の構成国、議題一覧、議題となった件名から引けるその会期のドキュメントのインデックス、GAOR Supplementリスト、決議番号順決議リスト、投票結果(国ごとのチャート)

4　*Annoted preliminary list of items to be included in the provisional agenda...* (UNDoc A//100)
　A/(会期)/100のドキュメントは、総会各会期の仮議題リスト。議題番号順

に各議題についての説明があり、各議題の過去の審議状況と参照すべきドキュメントが記されています。巻末に第1会期からの議長一覧、第1会期からの副議長出身国一覧、1946年からの安保理非常任理事国、1946年からの経済社会理事会構成国、国連加盟国一覧最新版。

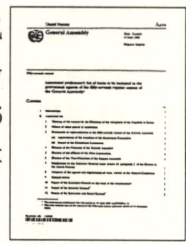

5 *Agenda of the session of the General Assembly.* (UNDoc A//251)

A/(会期)/251のドキュメントは、総会各会期の議題番号順議題リスト(確定版)

6 *Allocation of agenda items for the session of the General Assembly.* (UNDoc A//252)

A/(会期)/252のドキュメントは、総会各議題の割り当て先(本会議、各委員会)別の議題リスト。

7 *Index to proceedings of the General Assembly* (ST/LIB/SER.B/S)

総会議事録索引 pt.II Speeches 発言者索引、件名索引(会期ごとに刊行)

8 *United Nations Resolutions Series I General Assembly 1946-1986.* Oceana Publications Inc. 24 v.

1946年から1986年までの総会決議の本文が、英文・仏文で再録されています。

9 *Resolutions adopted by the General Assembly during its session* (GAOR Supplement No.49) (A//49)

総会公式記録補遺no.49が公式記録版の決議・決定集です。公式記録補遺no.49の第2分冊、第3分冊が刊行されることもあります。公式記録版では、まず本会議で採択された決議、次に委員会で採択された決議が載っています。決議番号からさがす場合は、巻末のChecklist of resolutionsで掲載ページを確認したほうがよいでしょう。決定もまず本会議で採択された決議、次に委員

会で採択された決議が載っています。同様にChecklist of decisionsで確認してください。ちなみに決定番号が、会期/301-は選挙・任命関係の決定、会期/401-は選挙・任命関係以外の決定を示します。

10 *Key resolutions of the United Nations General Assembly 1946-1996.* Cambridge University Press. 1997

分野ごとに主な総会決議を再録しています。

11 *Resolutions (and Decisions) adopted by the General Assembly during...* (press release). United Nations. (会期ごとに刊行)

プレス・リリース版の決議集には、その会期に総会で採択された決議本文が再録されています。また、賛成・反対・保留・棄権がどの国であるかもわかります。また、決議草案ドキュメントのドキュメント記号や関連する報告文書のドキュメント記号もわかります。巻末に件名索引があります。

12 インターネットで

General Assembly resolutions and decisions (http://www.un.org/documents/resga.htm)

1977年からの総会決議本文が、インターネット上で見られます。

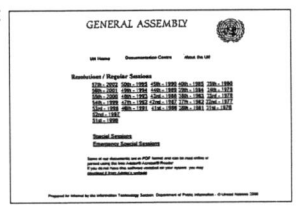

13 インターネットで

List of Conventions, Declarations and other Instruments contained in General Assembly Resolutions (1946 onwards) (http://www.un.org/Depts/dhl/resguide/resins.htm)

総会決議に含まれる条約・宣言・協定は、1946年以降すべてインターネット上で見ることができます。

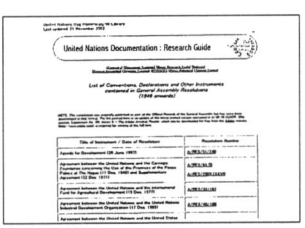

コラム　決議番号について

　総会の決議は第30会期までは、resolution 3363 (XXX) のように通し番号のあとローマ数字で会期を示しています。複数の決議が同じ決議番号になる場合は、A, Bをつけて区別します。例：Resolution 3367A (XXX)。

　第31会期からは、Resolution31/1のように会期を示す2桁の数字・番号となりました。複数の決議が同番号の場合は、同様にABCで区別しています (例：31/16A、31/6 A and B)。特別総会 (Special session) の決議は、第7特別総会までは3362 (S-VII) のように通し番号 (S-会期) で区別していましたが、第8特別総会からは、S/8-1のようにS/ 会期－番号という表記に変更されました。緊急特別総会 (Emergency special session) の決議は、第5回までは、2252 (ES-V) のように通し番号で表しており、第6回からは ES-6/1のように、まず会期を示してから番号という表記に改められています。

コラム　国連ミレニアム宣言

　United Nations Millenium Declaration. 世界149か国の首脳が一堂に会した国連ミレニアムサミット (第55回総会、2000年9月) で採択された宣言。総会決議A/RES/55/2。日本語訳が『国連ミレニアム総会、国連ミレニアムサミット関連資料集』(国際連合広報センター刊　2000.12) にあります。

7 安全保障理事会—議題・議事録・決議

1 ***Report of the Security Council*** (GAOR Supplement No.2) (A//2)
　安全保障理事会の年次報告は、総会公式記録補遺2として出されています。

2 『**1967年の安全保障理事会の審議概要**』外務省国際連合局政治課　1968
　日本が安全保障理事会の非常任理事国に在任していた1967年1-12月の安全保障理事会の審議概要をまとめています。

3 『**1972年安全保障理事会審議概要**』外務省国際連合局政治課　1973
　日本が、1958-59年、1966-67年に次いで、3度目の安全保障理事会非常任理事国に在任していた1971-72年のうち、1972年の審議概要をまとめたものです。

4 ***Index to proceedings of the Security Council*** (ST/LIB/SER. B/S) (会期ごとに刊行)
　発言者索引、件名索引、その会期の安保理ドキュメントの件名索引、その会期の決議リスト、投票結果(国別チャート)

5 ***Index to resolutions of the Security Council:1946-1996*** (ST/LIB/SER. H/5/Rev.)
　決議一覧(決議番号、採択日、何についての決議か、安全保障理事会公式記録版決議集の該当ページ)、件名索引

6 ***United Nations Resolutions Series II Security Council 1946-1979.***　Oceana Publications Inc. 11 v.
　安全保障理事会決議集

7 ***Resolutions and Decisions of the Security Council***　(SCOR) (S/INF/) (会期ごとに刊行)
　安全保障理事会決議・決定集の公式記録版。決議がテーマごとに掲載されているので、決議番号からは巻末のCheck listで該当ページを確認します。

50　第1部　国際連合

8　*Resolutions and Statements of the United Nations Security Council 1946-1992: a thematic guide.* Martinus Nijhoff Publishers. 1993.
　安全保障理事会決議を地域別に集成しています。

9　*Resolutions and Statements of the Security Council* （press release）（会期ごとに刊行）
　プレス・リリース版の決議集では、採択された決議を決議番号順に掲載されています。全会一致で採択されたのか、また賛成・反対・保留国がどこかも記載されています。

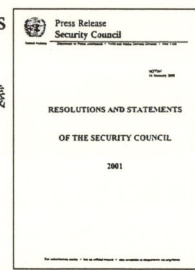

10　インターネットで
　Documentation Centre: Security Council Resolutions（http://www.un.org/documents/scres.htm）
　国連安全保障理事会のインターネットホームページでは、安全保障理事会の決議の全文を見ることができます。

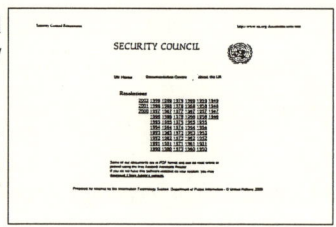

8　経済社会理事会─議題・議事録・決議

1　『経済社会理事会の事業』　第29回～44回(1960-69)　外務省国際連合局経済社会課編

2　*Report of the Economic and Social Council*（GAOR Supplement No.3）(A//3)
　経済社会理事会の年次報告は、総会公式記録補遺として出されます。

3　*Index to proceedings of the Economic and Social Council.*（ST/LIB/SER. B/E）
　経済社会理事会議事録索引。組織会期、本会期に分け、それぞれ件名索引、発言者索引があります。巻末に、経済社会理事会下部の各委員会の構成国一

覧、組織会期の議題一覧、組織会期のドキュメントの件名索引、本会期の議題一覧、本会期のドキュメントの件名索引、決議一覧、ドキュメント記号一覧、経済社会理事会公式記録補遺のリスト。

4 *Index to resolutions of the Economic and Social Council: 1946-1970*（ST/LIB/SER. H/4）

　経済社会理事会決議索引。決議一覧（決議番号、タイトル、採択日、経済社会理事会公式記録版決議集の該当ページ）、件名索引があります。

5 *Economic and Social Council, Resolutions and Decisions*（ECOSOCOR Supplement No.1 1A）

　経済社会理事会決議集の公式記録版は、第8会期より経済社会理事会公式記録補遺のNo.1として出されています。第3-7会期までは、経済社会理事会公式記録決議集（ECOSOCOR Resolutions）、第1-2会期は、経済社会理事会公式記録付録（Annex）（ECOSOCOR Annex）として出されています。

コラム　経済社会理事会とNGO

　国連憲章第71条により、経済社会理事会はNGOと協議することができます。経済社会理事会は、NGOにConsultative Status（協議的地位）を与えます。協議的地位には、General Consultative Status（一般協議的地位）とSpecial Consultative Status（特別協議的地位）があります。また、協議的地位にはないが、国連の活動に有益なNGOは「ロスター」とよばれるリストに登録されます。協議的地位およびロスターに登録されたNGOのリストは、*List of Non-Governmental Organizations in Consultative Status with the Economic and Social Council as at...*（UNDoc E/year/INF/）に、毎年発表されます。

　NGO協議制度については、『国連とNGO　市民参加の歴史と課題』（馬橋憲男著　有信堂高文社　1999）に詳述されています。

9　信託統治理事会—議題・議事録・決議[*]

＊1994年11月より事実上休眠状態

1 *Report of the Trusteeship Council*（SCOR Special Supplement No.1）
　信託統治理事会の年次報告は、安全保障理事会公式記録特別補遺1として出されていました。

2 *Index to proceedings of the Trusteeship Council.*（ST/LIB/SER. B/T）
　信託統治理事会議事録索引(件名索引、発言者索引)。巻末に会議リスト、議題一覧、ドキュメント件名索引、ドキュメントリストがあります。

3 *Trusteeship Council Resolutions and Decisions*（TCOR. Suppl.）
　信託統治理事会決議・決定集の公式記録版。

10　国際司法裁判所

1 *Report of the International Court of Justice*（GAOR Supplement No.4）(A//4)
　総会に提出された国際司法裁判所の年次報告は、総会公式記録補遺4として出されます。

2 *International Court of Justice Yearbook.*（ICJ Yearbook）
　1947年からその年までの判決・勧告的意見の題目一覧、裁判官のリスト、国際司法関係の国際連合とその専門機関、各国間の協定リスト(協定の名称と*United Nations Treaty Series*への参照)、国際司法裁判所の財政などを収録。

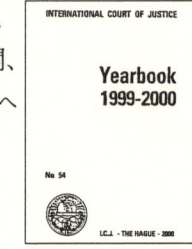

2章　国連の事柄・決議・議事録　53

3　*Reports of Judgements, advisory opinions and orders.*（ICJ reports）
国際司法裁判所の判決、勧告的意見、命令を収録。

4　*Summaries of judgements,advisory opinions and orders of the International Court of Justice, 1948-1991.*（ST/LEG/SER.F/1. E. 92. V.5 ）
Summaries of judgements,advisory opinions and orders of the International Court of Justice, 1992-1996.（ST/LEG/SER. F/1/Add. 1 E. 97. V.7）
10-3の要約版。

5　*Pleadings, oral arguments, documents.*（ICJ pleadings）
訴答書面と口頭弁論の記録、関連文書。個々のケースごとに事件終了後、発行されます。ただし、発行までに数年かかるものもあります。

6　*Bibliographie de la Cour Internationale de Justice*（*Bibliography of the International Court of Justice*）（年刊）
国際司法裁判所に関する文献目録。人名索引、件名索引がついています。

7　『判例国際法』田畑・竹本・松井編集代表　東信堂　2000

コラム　**核兵器使用裁判について**

　1996年7月8日、国際司法裁判所は、WHOからの要請にもとづく勧告的意見、総会からの要請にもとづく勧告的意見を出しました。総会からの要請にもとづく勧告的意見では、核の使用は原則国際法違反であるとしています。国際司法裁判所の核兵器使用裁判については、*Nuclear Weapons and the World Court.*（Ved. P. Nanda, David Krieger. 1998. Transnational Publishers. Inc.）にまとめられています。同書には、総会からの要請にもとづく勧告的意見のほか、WHOからの要請にもとづく勧告的意見、広島市長、長崎市長の国際司法裁判所における演説文も収録しています。文献リスト、件名索引もあります。

3章　テーマごとの検索・おもな国連資料

1　人権

　国連憲章の第1条に、国連の主たる目的のひとつは、人種・性別・言語あるいは宗教による差別なしに、すべての人々の人権および基本的な自由の尊重を促進・奨励するための国際協力を達成すること、と規定されています。
　国連の人権分野での主な活動として、次の3点が上げられます。
　①　人権基準の設定(世界人権宣言や国際人権規約、特定分野の人権条約の採択)
　②　人権分野の国際会議の開催
　③　人権関係規約加盟国の報告書の審査、勧告、人権問題の調査研究、人権状況の監視

1　人権基準の設定

①　*Human Rights: a compilation of international instruments.*
　　(ST/HR/1/Rev.5)　人権：国際規定集
　これまでに国連をはじめとする国際機関が規定してきた人権関係の主な宣言・規約・議定書・条約が再録されています。v.1が国連、ILO、UNESCOなどの世界的国際機関の人権基準、v.2が米州機構、欧州評議会など地域的国際機関が採択した人権基準です(次頁表参照)。

②　『国際人権条約・宣言集　第2版』田畑茂二郎ほか　東信堂　1994

③　*Status of International Instruments.* (ST/HR/.5)
　人権関係の諸条約・協定の国ごとの署名・発効年月日の一覧・人権基準の

署名／発行状況

④ ***International Instruments Chart of Ratifications.*** （ST/HR/4/Rev.）

各国の人権関係条約・協定批准状況一覧表

Human Rights: a complication of international institruments 収録の条約・宣言

v.1 Universal Instruments	A．国際規約 　世界人権宣言、社会権規約、自由権規約、自由権規約議定書 B．テヘラン宣言 　テヘラン宣言 C．植民地独立 　植民地独立付与宣言 D．差別撤廃 　人種差別撤廃宣言、人種差別撤廃条約、アパルトヘイト条約、スポーツ反アパルトヘイト条約、雇用・職業差別禁止条約(ILO)教育差別禁止条約(UNESCO)男女同一報酬条約(ILO)宗教的不寛容撤廃宣言、マスメディア基本原則宣言(UNESCO)人種及び人種的偏見に関する宣言(UNESCO)、聾文化宣言 E．女性の権利 　女子差別撤廃宣言、女子差別撤廃条約、婦人参政権条約、非常事態女子児童保護宣言 F．子どもの権利 　子どもの権利宣言、子どもの権利条約、児童の保護・福祉に関する原則宣言 G．奴隷・強制労働 　奴隷条約、強制労働条約(ILO)、強制労働廃止条約(ILO)、人身売買禁止条約 H．司法・刑事手続 　被拘禁者取扱最低規則、被拘禁者取扱基本原則、被拘禁者保護原則、拷問からの保護宣言、拷問等禁止条約、医療倫理原則、法執行官の武器使用の基本原則、弁護士の役割に関する基本原則、検察官の役割に関するガイドライン、拘留以外の措置に関する最低国連基準規則(東京規則)、少年非行の防止の関する国連指針(リヤドガイドライン)、少年裁判の執行に関する国連標準最低規則(北京規則)、犯罪犠牲者基本原則宣言、司法部独立原則、刑事手続き移転モデル条約、犯罪人引渡しモデル条約、強制的失踪からの保護宣言 Ｉ．情報の自由 　国際修正権条約 J．結社の自由 　結社の自由・団結権保護条約(ILO)、団結権・団体交渉権保護条約(ILO)、労働者代表条約(ILO)、公務労働関係条約(ILO) K．雇用 　雇用政策条約(ILO)、団体交渉保護条約(ILO)、雇用促進・失業保護条約(ILO)、先住民条約(ILO) L．婚姻・家族 　婚姻の同意・最低年齢・登録に関する条約、人民間の平和・相互尊重・理解を青年に促進する宣言

3章 テーマごとの検索・おもな国連資料 57

		M．社会福祉 　社会的進歩と発展に関する宣言、精神薄弱者権利宣言、精神疾患者の保護と精神保護看護の改善原則、飢餓・栄養不良根絶に関する世界宣言、平和のための科学技術進歩の利用宣言、コンピュータ個人データ規制のガイドライン、障害者権利宣言、人民の平和に対する権利宣言、開発権に関する宣言、移住労働者の権利保護の国際条約 N．文化 　国際文化協力原則の宣言(UNESCO)、国際理解教育に関する勧告(UNESCO) O．国籍・難民 　既婚婦人の国籍に関する条約、無国籍に削減に関する条約、無国籍者の地位に関する条約、難民条約、難民議定書、UNHCR規程、領域内庇護宣言、外国人人権宣言 P．戦争犯罪 　ジェノサイド条約、戦争犯罪時効不適用条約 Q．人道法 　戦地軍隊の傷病者の状態改善条約、海上にある軍隊の傷病者・難船者の状態改善条約、捕虜条約、文民条約、ジュネーブ条約議定書
v. 2 Regional Instruments		米州機構 　米州人権宣言、米州人権条約、サンサルバドル議定書米州死刑廃止追加議定書など 欧州評議会 　ヨーロッパ人権条約、ヨーロッパ人権条約追加議定書、ヨーロッパ社会憲章、非嫡出子の法的地位に関するヨーロッパ条約、拷問等禁止ヨーロッパ条約、生命倫理条約など アフリカ統一機構 　アフリカ難民条約など 欧州安全保障協力機構 　ヘルシンキ宣言、新ヨーロッパのためのパリ憲章など イスラム会議機構 　イスラームにおける人権に関するカイロ宣言など

2　インターネットで

　インターネットで人権に関する基準本文を見るには、UNHCHR: international human rights instruments (http://193.194.138.190/html/intlinst.htm) で、見たい条約・宣言をクリックするとその本文が出てきます。さらに、Status of ratifications がある際には、そこをクリックすると各国の批准状況がわかります。

3 人権分野の国際会議

① 1968 テヘラン 人権に関する国際会議 International Conference on Human Rights
Final act of the International Conference on Human Rights, Teheran, 22 April to 13 May 1968. (A/CONF.32/41)

② 1993 ウィーン 世界人権会議 World Conference on Human Rights
ウィーン宣言及び行動計画が採択されました。*World Conference on Human Rights: the Vienna declaration and programme of action, June 1993.* (DPI/1394) または、*The United Nations and Human Rights, 1945-1995.* (DPI/1676)(Blue Book series) p.448- に載っています。日本語では、「特集・国連世界人権会議 ウィーン宣言及び行動計画」という記事が『自由と正義』44 (11) (1993. 11) にあります。

③ 2001 ダーバン(南アフリカ) 人種主義、人種差別、排外主義および関連の不寛容に反対する世界会議 World Conference against Racism, Racial Discrimination, Xenophobianal related Intolerance.
ダーバン宣言および行動計画が採択されました。

4 人権問題に関する国連文書

人権を扱う国連機関は、いくつもあり、それぞれの機関から人権に関する決議や報告書、各国に人権状況に関する所見などの文書が多数出されています(下表参照)。

国連憲章に基づく機関 (Charter-based)	人権条約に基づく機関 (Treaty-based)	その他
総会 経済社会理事会 安全保障理事会 人権委員会 差別防止少数者保護小委員会(人権小委員会) 婦人の地位委員会	自由権規約委員会 　(B規約委員会) 社会権規約委員会 　(A規約委員会) 人種差別撤廃委員会 女子差別撤廃委員会 拷問禁止委員会 子どもの権利委員会	国連人権センター 国連人権高等弁務官事務所 (UNHCHR)

人権に関する機関の年次報告

① 人権委員会 Commission of Human Rights (CHR)　E/CN.4/
年次報告は経済社会理事会公式記録補遺(ECOSOCOR. Suppl.)で出されています。年次報告には人権委員会の活動概要、決議、決定が載っています。

② 差別防止少数者保護小委員会（人権小委員会）Sub-Commission on Prevention of Discrimination and Protection of Minorities　E/CN.4/Sub.2/

人権小委員会の年次報告は人権委員会のドキュメントのひとつとして出されています。年次報告には人権小委員会の活動概要と決議、決定が載っています。50会期の年次報告は人権委員会ドキュメントUNDocE/CN.4/1998/4で発表されました。それ以前の41会期（1989）から49会期（1997）はE/CN.4/year/2でした。年によって、ドキュメント記号が若干違います。年次報告のドキュメント記号は、インターネットで、United Nations Document Research Guide: Human Rights（http://www.un.org/Depts/dhl/resguide/spech/htmcommission）の Documents of the Sub-Commission on Prevention of Discrimination and Protection of Minorities の記述にある report をクリックすると確認できます。

③ 婦人の地位委員会　Commission on the Status of Women　E/CN. 6/

年次報告は経済社会理事会公式記録補遺（ECOSOCOR.Suppl.）で出されています。

④ 自由権規約委員会（B規約委員会）Human Rights Committee　CCPR/

年次報告は、総会公式記録補遺40（GAOR.Suppl.No.40）で出されるほか、そのパブリケーション版として Official Records of Human Rights Committee v.1,v.2（1987/1988-）が毎年出ています。v.1.がB規約人権委員会の議事概報の再録。v.2.にB規約人権委員会の主要なドキュメントと国別人権状況報告が再録されています。

また、個人通報手続きに関して行ったB規約委員会の主要決定は次の刊行物にまとめられています。

Human Rights Committee selected decisions under the optional protocol, 2nd to 16th session. 1985（CCPR/C/OP/1 E. 84. XIV. 2）

Selected decisions of the under the Human Rights Committee under the optional protocol, v.2. 17th to 32nd session. 1990（CCPR/C/OP/2 E. 89. XIV. 1）

日本語訳は『国際人権規約先例集　規約人権委員会精選決定集』第1集　1989　第2集　1995　東信堂刊

⑤ 社会権規約委員会（A規約委員会）　Committee on Economic, Social and Cultural Rights　E/C. 12/

年次報告は経済社会理事会公式記録補遺（ECOSOCOR.Suppl.）で出されています。

⑥ 人種差別撤廃委員会　Committee on the Elimination of Racial Discrimination　CERD/

年次報告は、総会公式記録補遺18（GAOR. Suppl. No.18）で出されます。

⑦ 女子差別撤廃委員会　Committee on the Elimination of Discrimination against Women　CEDAW/

年次報告は、総会公式記録補遺38（GAOR. Suppl. No. 38）で出されます。また、*The work of CEDAW*（ST/CSDHA/）(年刊)に、女子差別撤廃委員会の活動概要と議事概報（Summary Records）が掲載されています。

⑧ 拷問禁止委員会　Committee against Torture　CAT/

年次報告は、総会公式記録補遺44（GAOR. Suppl. No. 44）で出されます。

⑨ 子どもの権利委員会　Committee on the Rights of the Child　CRC/

年次報告は、総会公式記録補遺41（GAOR. Suppl. No. 41）で出されます。

⑩ 国連人権高等弁務官事務所　United Nations High Commissioner for Human Rights, UNHCHR

年次報告は、総会公式記録補遺36（GAOR. Suppl. No. 36）で出されます。

> **コラム** 人権に関する機関の文書をインターネットでさがすには……

① 年次報告は、UN-I-QUE（http://lib-unique.un.org/lib/unique.nsf）で、委員会名とreportと入れて検索します。または、UNBISnet（http://unbisnet.un.org）で、委員会名と資料形態コードB04を入れて検索します。

② 人権に関する特別報告官のレポートはUN-I-QUE（http://lib-unique.un.org/lib/unique.nsf）で、hrと入れて人権関係と限定し、キーワードを入力して検索します。

③ 国際人権条約による各国の定期的な提出報告書は、同じくUN-I-QUE（http://lib-unique.un.org/lib/unique.nsf）で、「国名」「periodic」「条約名の一部」を入力して検索します。

④ 人権に関する決議や締約国からの報告、各委員会の最終所見（Concluding Observations）、勧告、プレスリリースや声明などの文書は、国連人権高等弁務官事務所が作成している United Nations Human Rights Databases（http://www.unhchr.ch/data.htm）で検索することができます。

　④-1　憲章に基づく機関の文書は、Charter-based bodies database（http://www.unhchr.ch/huridocda/huridoca.nsf/Documents?OpenFrameset）でさがすことができます。

　　　憲章に基づく人権機関の決議や報告など公開されている場合があります。機関名の脇にある▶（横向き三角）をクリックし、さらに、▶Report、▶Resolutionsとクリックしていきます。

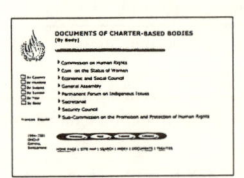

　④-2　条約に基づく機関の文書はTreaty-based bodies database（http://www.unhchr.ch/tbs/doc.nsf）でさがすことができます。

条約名（by Treaty）、国名（by Country）、文書の種類（by Type of Documents）から、▶をクリックしながら検索できます。

　by Treaty の例　Human Rights Committee をクリックし（下向き▼となる）、さらに締約国報告（State Party Report）をクリックします。ドキュメント記号（CCPR/C/100/Add. 1 など）をクリックすると文書の全文

を見ることができます。

|by Country の例|　Japan をクリックすると（下向き▼となる）、日本への最終所見や、日本の提出レポート、議事概要を見ることができます。

|by Type of Documents の例|　最終所見・最終コメント（Concluding Observations/ Comments）をクリックし、さらに拷問禁止委員会（Committee against Torture）をクリックすると、各国への拷問禁止委員会の最終所見が検索されます。

|コラム|　**国際人権機関**

　条約に基づく人権機関がまとまって国際人権機関（International Human Rights Instruments）を形成し、次のような文書を出しています。

① *Compilation of General Comments and General Recommendations adopted by Human Rights Treaty Bodies.* (UN Doc HRI/GEN/1/Rev.)

　B規約委員会（Human Rights Committee）およびA規約人権委員会（Committee on Economic, Social and Cultural Rights）の一般的意見（General Comments）と人種差別撤廃委員会（Committee on the Elimination of Racial Discrimination）、女子差別撤廃委員会（Committee on the Elimination of Discrimination against Women）の一般的勧告（General Recommendations）をまとめて再録したドキュメント。1992年から出され、以後改訂版が出ています。

② *International Human Rights Instruments: the Meeting of Persons Chairing Human Rights Treaty Bodies.* (UN Doc HRI/MC/year/)

　条約に基づく人権機関の議長会議のドキュメント。1994年の第5回会議からは毎年開かれています。

③ *Core document forming part of the reports of states parties.* (UN Doc HRI/CORE/1/Add.)

　締約国の人権状況報告書のうち各機関への報告書に共通する基本的な国情データをまとめたドキュメントです。具体的には、人口、宗教、民族、失業率、平均余命、GDP、その国の歴史、政治機構、人権保護の大まかな仕組みが国ごとに概説されています。

その他、国連の人権活動を調べるための参考文献・URL

① United Nations documents: research guide special topics human rights（http://www.un.org/Depts/dhl/resguide/spechr.htm）
人権に関する国連の委員会・機関へのリンク集　検索ガイド
② *Yearbook on Human Rights*（1988で休刊）
各年の、世界における人権関係の立法成果の報告書。各国の人権関係の立法・司法の状況報告。人権関係機関の協定・文書の要約もあります。
③ *United Nations action in the field of human rights.* 1994（ST/HR/2/Rev. 4　94. XIV. 11）
国連における人権活動の概要報告。件名索引があります。
④ *United Nations Reference Guide in the field of Human Rights.* 1993（ST/HR/6　93. XIV.4）
国連刊行の人権関係の報告・ドキュメント（ILO, UNESCO, WHOも含む）の検索ツール。各文書のドキュメント記号がわかります。件名索引あり。
⑤ *The United Nations and human rights with an introduction by Boutros Boutros-Ghali, Secretary-General of the United Nations 1945-1995.*（The United Nations Blue Books series, v. VII）1995 Dept. of Public Information.（DPI/1676）
人権関係の国連の主要文書を再録しています。世界人権宣言・自由権規約・社会権規約、拷問禁止・人種差別撤廃・アパルトヘイト・女性の権利・難民・子ども・移民労働者に関する国際規約、ウィーン宣言及び行動計画（1993）、先住民・開発権に関する国連文書など。冒頭にガリ事務総長が国連人権問題への取り組みを述べた序論があり、巻末に、関連年表・再録文書の件名索引もあります。 また、ガリ事務総長の序論については次の翻訳があります。 『国際連合と人権　1945-1995』ブトロス・ブトロス＝ガーリ国連事務総長　地域改善啓発センター　1995
⑥ *Encyclopedia of human rights.* 2nd ed. Edward Lawson 1996 Taylor & Francis.
国連に限らず、人権問題に対する世界の取り組みについての百科事典。主要な人権条約・宣言は再録されています。関連国連文書への参照あります。項目によっては文献案内もついています。同書の翻訳書は『人権百科事典』（宮崎繁樹監訳　明石書店 2002）

2　難民

1　**国連難民高等弁務官事務所（United Nations High Commissioner for Refugees: UNHCR）**

年次報告は、総会公式記録補遺12（GAOR. Suppl. No. 12）で出されています。

2 世界難民白書

① *The State of the World's Refugees.* United Nations High Commissioner for Refugees

年度	テーマ	出版元
1993	The challenge of protection.	Penguin Books
1995	In search of solutions.	Oxford University Press
1997-8	A humanitarian agenda.	Oxford University Press
2000	A fifty years of humanitarian action.	Oxford University Press

② 『世界難民白書』国連難民高等弁務官事務所 読売新聞社刊(2000年版は時事通信社刊)
The State of the World's Refugees の翻訳版。

3 難民に関する文書集

① *Collection of international instruments concerning refugees.* 2nd ed. 1979 Office of the United Nations High Commissioner for Refugees.

収録されている難民及び無国籍者に関する条約・原則は、国連難民高等弁務官事務所規程、難民条約、難民議定書、1951年7月28日にジュネーブ条約第1条A(1)において設定されている協定・条約並びに議定書による「難民」の定義、難民たる船員に関する協定、難民たる船員に関する協定の議定書、領域内庇護に関する宣言、無国籍者の地位に関する条約、無国籍者の減少に関する条約。その他、アフリカ統一機構・米州機構・アメリカ諸国会議・欧州評議会・欧州経済共同体などの難民に関する条約を収録。

② 『難民に関する国際条約集』国連難民高等弁務官駐日事務所 1987
Collection of international instruments concerning refugees. 2nd ed.の翻訳版。

③ *Collection of international instruments and other legal texts concerning refugees and displaced persons.* Division of International Protection of the Office of the United Nations High Commissioner for Refugees, 1995. 2v.v.1. Universal instruments. v.2. Regional instruments. (HCR/IP/1/Eng. Rev. GV. E. 96. 0.2)

1995年刊行の条約・文書集。

3　平和維持活動・PKO

1　***Blue Helmets: a review of the United Nations peace-keeping.*** 3rd ed. 1996（DPI/1800 E. 96 I. 14）
　　過去に行われた国連平和維持活動、また現在継続中の平和維持活動の報告・評価。

2　『外国の立法』v. 31 no. 1(177)1992. 1 特集 PKO　国立国会図書館調査及び立法考査局
　　PKO受入国と国連の間の国連軍の地位に関するモデル協定文書、PKO要員提供国と国連の間との間のモデル協定草案の訳あり。

3　平和への課題
①　*An agenda for peace 1995.* 2nd ed. With the new supplement and related UN documents. 1995（DPI/1623/PKO E.95.I.15）
②　『平和への課題　1995』　国際連合広報センター刊
　　ガリ国連事務総長による平和への課題（An agenda for peace A/47/277-S/24111 1992）およびその続編（A/50/60-S/1995/1）と関連する総会決議・安全保障理事会議長声明を再録。

4　『国連による平和と安全の維持　解説と資料』　横田洋三編　国際書院　2000
　　国連平和維持活動の関係資料一覧あり。主要文書の重要部分を翻訳・収載しています。

5　ブラヒミレポート
①　*Brahimi report: report of the Panel on United Nations Peace Operations.*（UNDoc A/55/305-S/2000/89）
　　アナン事務総長が設置した国連平和維持活動検討パネルの報告書。パネルの委員長の名をとり「ブラヒミレポート」と呼ばれています。*ILM* v.39 no.6に

も収録されています。

② *Report of the Secretary-General on the implementation of the report of the Panel on United Nations Peace Operations.* (UNDoc A/55/502)
ブラヒミレポート実現のための事務総長報告。

6 平和維持活動に関するブルーブック

Blue Book seriesとして、以下の平和維持活動の記録が刊行されています。関連する国連ドキュメントが再録されています。

① カンボジア
The United Nations and Cambodia 1991-1995. (DPI/1450　E.95.I.9) (Blue Book series)
国連カンボジア暫定統治機構(UNTAC)の活動記録。安全保障理事会決議、事務総長の報告、パリ和平協定(カンボジア紛争の総合的政治解決に関する協定)、事務総長とシアヌーク殿下との往復書簡を再録。

② ルワンダ
The United Nations and Rwanda 1993-1996. (DPI/1678　E. 96. I. 20)
UNOMUR(国連ウガンダ・ルワンダ監視団)、UNAMIR(国連ルワンダ支援団)の記録

③ エルサルバドル
The United Nations and El Salvador 1990-1995. (DPI/1475　E. 95. I. 12)
ONUSAL(国連エルサルバドル監視団)の記録

④ ソマリア
The United Nations and Somalia 1992-1996. (DPI/1677　E. 96. I. 8)
UNOSOM(国連ソマリア活動)の記録

⑤ モザンビーク
The United Nations and Mozambique 1992-1995. (DPI/1675　E. 95. I. 20)
ONUMOZ(国連モザンビーク活動)の記録

⑥ エリトリア
The United Nations and the independence of Eritrea. (DPI/1850　E. 96. I. 10)
UNOVER(国連エリトリア住民投票検証監視団)の記録

⑦ イラク・クウェート

The United Nations and the Iraq-Kuwait conflict 1990-1996. (DPI/1770　E. 96. I. 3)
UNIKOM（国連イラク・クウェート監視団）、UNSCOM（国連特別監視団）の記録

4　軍縮

1　*The United Nations Disarmament Yearbook.*
各年の軍縮活動の進展状況をまとめています。

2　*Disarmament: a periodic review by the United Nations.*
年2回刊

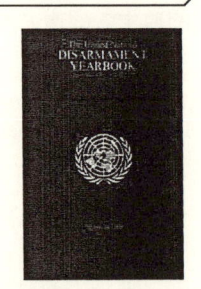

3　*Status of Multilateral Arms Regulation and Disarmament Agreements.* 5th ed. 1997. 2v. (97.IX.3)
　次の、兵器・軍縮関係の条約・規則の本文と、署名国・締約国一覧を収録しています。
　ジュネーブ毒ガス議定書　南極条約　部分的核実験禁止条約　宇宙条約　トラテリルコ条約　核兵器不拡散条約　海底核兵器禁止条約　生物・毒素兵器禁止条約　環境改変技術禁止条約　月協定　特定通常兵器条約　ラロトンガ条約　欧州通常戦力条約　オープン・スカイズ条約　化学兵器禁止条約

　——インターネットで
　Status of Multilateral Arms Regulation and Disarmament Agreements は、http://disarmament.un.org/TreatyStatus.nsf でも公開されています。

4　*The United Nations and Nuclear Non-Proliferation.* (DPI/1628 E.95.I.17)
　核兵器不拡散条約および核不拡散問題に関する主要国連文書を再録しています。

5　『軍縮条約資料集』第2版　藤田久一・浅田正彦編　有信堂高文社　1997

6　小型武器における不正取り引きに関する国際会議　2001　ニューヨーク
政治宣言、行動計画が採択されました。

Report of the United Nations Conference on the Illicit Trade in Small Arms and Light Weapons in All its Aspects.（UNDoc A/CONF. 192/15）

コラム　通常兵器の登録制度

　国連加盟国の通常兵器の輸出入データを国連本部に登録する制度が、1992年に発足しました（国連総会決議A/46/36/RES）。登録される通常兵器とは、戦車、装甲戦闘車両、大口径火砲システム、戦闘用航空機、攻撃ヘリコプター、軍用艦艇、ミサイルおよびミサイルシステム。*Register of conventional arms: information booklet.*（1993）に、制度や登録のしかたについて解説があります。登録結果は、*United Nations Register of Conventional Arms: report of the Secretary-General* というタイトルで、毎年総会に提出されます。各回の登録結果のドキュメント記号は以下の通り。

```
第 1回　UNDoc A/48/344 and Corr. 1-3 and Add. 1-3
第 2回　UNDoc A/49/352 and Corr. 1 and 2 and Add. 1-4
第 3回　UNDoc A/50/547 and Corr. 1 and Add. 1-4
第 4回　UNDoc A/51/300 and Add. 1-5
第 5回　UNDoc A/52/312 and Corr. 1 and 2 and Add. 1-4
第 6回　UNDoc A/53/334 and Corr. 1 and 2 and Add. 1-2
第 7回　UNDoc A/54/226 and Add. 1-6
第 8回　UNDoc A/55/299 and Add. 1-6
第 9回　UNDoc A/56/227 and Add. 1-2
第10回　UNDoc A/57/221 and Add. 1
```

――**インターネットで**

近年の登録結果は、United Nations Register of Conventional Armsのページ（http://disarmament.un.org/cab/register.html）で公開されています。

5 女性

1 世界の女性に関する統計

① *The World's Women 2000: trends and statistics.* (ST/ESA/STAT/SER. K/16　E. 00. XVII.14)

収録内容は以下の通り。

> 各国の人口、男性に対する女性の比率、合計特殊出生率、避妊法の使用、平均初婚年齢、平均世帯構成人数、男女別平均余命、乳児死亡率、エイズ患者数、妊産婦死亡率、15-19歳女子の出生率、男女別非識字率、初等中等教育就学率、女性教員の割合、失業率、パートタイム労働者に占める女性の割合、労働力に占める女性、各国の出産休暇・産休中の給与保障、女性国会議員の割合、大臣レベル・副大臣レベルにある女性

② 『世界の女性 2000―動向と統計―』　日本統計協会　2001
The World's Women 2000 の翻訳版。

2 『国際女性条約資料集』　1993　東信堂

女性の権利に関する国際文書を集成した資料解説集。

3 *The United Nations and the advancement of Women 1945-1996.* (Blue Books series) (DPI/1804　E. 96. I. 1)

女性の権利に関する国連文書を再録しています。冒頭にブトロス・ブトロス＝ガリ事務総長による概論があります。年表もついています。

ガリ事務総長の概論・年表は、日本語版がでています。

『国際連合と女性の地位向上 1945-1996』　国際女性の地位協会刊　1996

4 女性に関する国際会議資料

① 1975　メキシコシティ　国際女性年世界会議

「女性の地位向上のための世界行動計画」が採択されました。

　①-1　*Report of the World Conference of the International Women's Year, Mexico City.* (E/CONF. 66/34　E. 76. IV. 1)
　①-2　『国際婦人年世界会議報告　世界行動計画及び宣言』　外務省編　1977.3

② 1980　コペンハーゲン　国連女性の10年世界会議
　　②-1　*Report of the World Conference of the United Nations Decade for Women: equality, development and peace, Copenhagen.*（A/CONF. 94/35　E. 80. Ⅳ. 3）
　　②-2　『国連婦人の10年世界会議』内閣総理大臣官房（婦人問題担当室）編　1981. 2.
　　　　「国連女性の10年後半期行動プログラム」の仮訳あり。
③ 1985　ナイロビ　国連女性の10年の成果を検討・評価するための世界会議
最終文書「女性の地位向上のためのナイロビ採来戦略」が採択されました。
　　③-1　*Report of the World Conference to review and appraise the achievements of the United Nations Decade for Women: quality, development and peace, Nairobi.*（A/CONF. 116/28/Rev. 1）
　　③-2　『「国連婦人の十年」ナイロビ世界会議及び関連事業等報告書』内閣総理大臣官房審議室編　1986.
　　　　ナイロビ戦略の仮訳あり。
④ 1995　北京　世界女性会議
北京宣言、行動綱領が採択されました。
　　④-1　*Report of the Fourth World Conference on Women. Beijing, 4-15 September 1995.*（A/CONF.177/20/Rev.1　E.96.IV.13）
　　④-2　『第4回世界女性会議及び関連事業等報告書』総理府男女共同参画室　1995.3
　　　　北京宣言および行動綱領の総理府仮訳あり。
⑤ 2000　ニューヨーク　第23回国連特別総会（女性2000年会議　Beijing+5）
「政治宣言」「北京宣言及び行動綱領実施のためのさらなる行動とイニシアティブ（成果文書）」採択

　　　Report of the Ad Hoc Committee of the Whole of the twenty-third special session of the General Assembly.（GAOR 23rd special session Suppl. no. 3）(A/S-23/10/Rev. 1)

6　開発

1　人口と開発
① 　人口開発委員会　Commission on Population and Development
　　年次報告は経済社会理事会公式記録補遺（ECOSOCOR. Suppl.）にあります。
② 　国連人口基金　United Nations Population Fund: UNFPA

開発途上国の人口関連の援助を提供する基金。年次報告は経済社会理事会公式記録補遺(ECOSOCOR. Suppl.)にあります。また、*The state of world population*(世界人口白書)(図版)や *UNFPA annual report* を毎年刊行しています。

③ 人口問題に関する世界会議資料

 ③-1 1974 ブカレスト 世界人口会議 World Population Conference
  「世界人口行動計画（World Population Plan of Action）」が採択されました。
  Report of the United Nations World Population Conference, 1974 Bucharest.（E/CONF. 60/19　E. 75. XIII. 3）

 ③-2 1994 カイロ 国際人口開発会議 International Conference on Population and Development: ICPD
  「国際人口開発会議行動計画」が採択されました。
  Report of the International Conference on Population and Development, Cairo.（A/CONF. 171/13/Rev. 1　E. 95. XIII. 18）
  『国際人口・開発会議「行動計画」カイロ国際人口開発会議（1994年9月5日-30日）採択文書』外務省監訳 世界の動き社 1996

 ③-3 1999 人口に関する第21回国連特別総会 ICPD+5
  「国際人口開発会議（ICPD）行動計画の実施促進のための提言」が採択されました。
  Report of the Ad Hoc Committee of the whole of the twenty-first special session of the General Assembly.（GAOR 21st special session Suppl. no.3）（A/S-21/5/Rev.1）

④ 人口に関する国連刊行物

 ④-1 *World Population Prospects*　1998 rev.（ST/ESA/SER.A/180）
  2050年までの人口予測が掲載されています

 ④-2 *Population and Vital Statistics Report*（季刊）
  各国の人口と、出生数(率)・死亡者数(率)・乳幼児死亡者数(率)

 ④-3 *World population monitoring*
  世界の人口問題について、表やグラフを用いながら説明されています。

 ④-4 *Demographic Yearbook*
  国連人口統計(第1部4章4④参照のこと)

2　社会と開発

① 開発のための戦略

 ①-1 1970 第2次国連開発の10年(1971-80)のための国際開発戦略の採択
  A/RES/2626(XXV)

3章　テーマごとの検索・おもな国連資料　71

  International development strategy: action programme of the General Assembly for the Second United Nations Development Decade.（ST/ECA/139　E. 71.Ⅱ.A.2）
 ①-2　1974　新国際経済秩序（New International Economic Order: NIEO）の樹立に関する宣言と行動計画採択
  Declaration on the establishment of a New International Economic Order　A/RES/3201（S-VI）
  Programme of action on the establishment of a New International Economic Order　A/RES/3202（S-VI）
 ①-3　1980　第3次国連開発の10年（1981-90）のための国際開発戦略の採択
  A/35/56/RES
 ①-4　1990　第4次国連開発の10年（1991-2000）のための国際開発戦略の採択
② 開発への課題
 ②-1　ガリ事務総長による「開発への課題」（An agenda for development）
  An agenda for development 1995 with related UN documents. 1995（DPI/1622/DEV）
 ②-2　開発への課題に関する作業部会による報告
  An agenda for development 1997.（DPI/1935）
③ 社会開発に関する国際会議
 ③-1　世界社会開発サミット　World Summit for Social Development 1995.3　コペンハーゲン
  「社会開発に関するコペンハーゲン宣言」と「行動計画」が採択されました。
  Report of the World Summit for Social Development.（A/CONF.166/9 E.96.IV.8）
 ③-2　国連社会開発第24回特別総会　2000　ジュネーブ
  「ジュネーブ宣言」と「行動計画」が採択されました。
  Resolutions and decisions adopted by the General Assembly during its twenty-fourth special session, 26 June - 1 July 2000.（GAOR 24th special session Suppl. no.1）（A/S-24/10）
  Report of the Ad Hoc Committee of the whole of the twenty-fourth special session of the Genral Assemly.（GAOR 24th special session Suppl.no.3）（A/S-24/8/Rev.1）
④ 国連開発計画　United Nations Development Programme: UNDP
持続可能な人間開発のための資金供給を行なっています。
理事会の年次報告を経済社会理事会に提出しています。
（ECOSOC OR.Suppl.）
 ④-1　*Human Development Report.* Published for the United Nations Development Programme
  1990年より毎年刊行されています。独立の顧問団がUNDPのために作成し、人間開発のための新しい概念を打ち出しています。HDI（人間開発指数）、GDI（ジェンダー開発指数）、GEM（ジェンダーエンパワーメント測定）の各国の順位が発表されます。

1995年から、Overview（概論）の章にテーマがかかげられるようになりました。

1995年のテーマ	The revolution for gender equality	ジェンダーと人間開発
1996年のテーマ	Growth for human development ?	経済成長と人間開発
1997年のテーマ	Human development to eradicate poverty	貧困と人間開発
1998年のテーマ	Changing to day's consumption patterns-for tomorrow's human development	消費パターンと人間開発
1999年のテーマ	Globalization with a human face	グローバリゼーションと人間開発
2000年のテーマ	Human rights and human development	人権と人間開発
2001年のテーマ	Making new technologies work for human development	新技術と人間開発
2002年のテーマ	Deeping democracy in a fragmented world	ガバナンスと人間開発

④-2 『UNDP人間開発報告書』　国際協力出版会
　　1994年からは、日本語版も刊行されています。

④-3　*Arab Human Development Report.* 2002
　　アラブ諸国の人間開発報告書。UNDPがアラブ連盟（RBAS: Regional Bureau of Arab States）の協力のもとに発行したもの。

⑤　*Report on the World Social Situation.*
　1997年版の同レポートでは、世界の社会状況（経済動向、人口動向、保健、飢餓と栄養失調、教育）および、世界社会開発サミットでの課題となった貧困軽減、生産的雇用、社会的統合について述べています。

3　貿易と開発

①　国連貿易開発会議　United Nations Conference on Trade and Development: UNCTAD

　貿易および開発に関する国際経済問題をとりあつかう主要機関。少なくとも4年に一度会議を開催しています。各会議で採択された勧告や決議、宣言、決定は次の資料に載っています。

1st Session ジュネーブ	*Proceedings of the United Nations Conference on Trade and Development, vol.I, Final Act and Report*（E/CONF.46/141 64.II.B.11）
2nd Session ニューデリー	*Proceedings of the United Nations Conference on Trade and Development, Second Session, vol.I and Corr.1 and 3 and Add.1 and 2, Report and Annexes*（TD/97 E.68.II.D.14）

3rd session サンチャゴ	*Proceedings of the United Nations Conference on Trade and Development, Third Session, vol.I, Report and Annexes*（TD/180　E.73.II.D.4）
4th session ナイロビ	*Proceedings of the United Nations Conference on Trade and Development, Fourth Session, vol.I and Corr.1, Report and Annexes*（TD/218 E.76.II.D.10）
5th session マニラ	*Proceedings of the United Nations Conference on Trade and Development, Fifth Session, vol.I, Report and Annexes*（TD/269 E.79.II.D.14）
6th session ベオグラード	*Proceedings of the United Nations Conference on Trade and Development, Sixth Session, vol.I, Report and Annexes*（TD/326 E.83.II.D.6）
7th session ジュネーブ	*Proceedings of the United Nations Conference on Trade and Development, Seventh Session, vol.I, Report and Annexes*（TD/352 E.88.II.D.1）
8th session カタルヘナ （コロンビア）	カタルヘナ・コミットメントの採択　（*The sprint of Cartagena: a new partnership for development: the Cartagena Commitment*） *Proceedings of the United Nations Conference on Trade and Development, Eighth Session, Report and Annexes*（TD/364/Rev.1. E.93.II.D.5）
9th session ミッドランド （南アフリカ）	ミッドランド宣言の採択　（*Midrand declaration: a partnership for growth and development*） *Proceedings of the United Nations Conference on Trade and Development, Nineth Session, Report and Annexes*（TD/378/Rev.1　E.97.II.D.4）
10th session バンコク	

② 貿易開発委員会　Trade and Development Board：TDB

UNCTADの執行機関で、年2回(秋と春)開催されます。年次報告は、総会公式記録補遺15(GAOR Suppl. no.15)として刊行されます。

また、貿易開発委員会の決議や決定は貿易開発総会公式記録補遺1(TDBOR Suppl.no.1)に載っています。

③ *Trade and Development Report.*　年刊　（UNCTAD/TDR/）

『貿易開発報告』と呼ばれるUNCTADの年次報告書。貿易、金融、国際通貨制度、開発など世界経済状況についての分析報告。

④ *UNCTAD guide to publications: a selection of the reports and studies published during* …（UNCTAD/GP( )/）

UNCTAD刊行物のガイド。主な刊行物の解説付き。

⑤ *Index to resolutions and other decisions of the United Nations Conference on Trade and Development and of the Trade and Development Board 1964-1972.*（ST/LIB/SERH/2 E.73.I.5）

UNCTADとTDBの決議・決定の索引。

7 国際法

1 条約

① *United Nations Treaty Series* (UNTS)　国際連合条約集成

　国連憲章第102条にもとづき、国連は加盟国に、加盟国間または国際機関と加盟国間等で締結された条約を国連事務局に登録するよう義務づけています。登録された条約本文がこのUNTSに掲載されますが、あまり重要でない条約は載らず、掲載も遅いです。

② *Multilateral treaties deposited with the Secretary-General.*　事務総長寄託多国間条約一覧(年刊)

　事務総長に寄託された多国間条約の署名・批准・受諾状況の報告。条約本文掲載資料への参照があります。第1部 国際連合条約、第2部 国際連盟条約。巻末に件名索引あり。

③ *Statement of treaties and international agreements: registered or filed and recorded with the Secretariat during the month of...*　月刊

　国連事務局に登録された国際条約のチェックリスト。登録ナンバー順。12月号に年刊索引があります。

④ *The United Nations Juridical Yearbook*

　国連および国連と関係する政府間機関に関して締結された条約本文や裁判所(国内裁判所も含む)判決文。巻末に文献目録あり。
*Cumulative index of the United Nations Juridical Yearbook*もあります。

⑤ *International instruments of the United Nations: a compilation of agreements, charters, conventions, declarations, principles, proclamations, protocols, treaties, adopted by the General Assembly of the United Nations. 1945-1995.* (E.96.I.15)

　国連総会で採択された条約、協定、宣言本文が再録されています。

⑥ 『条約集』　外務省条約局

　二国間条約と多国間条約の2巻に分けて刊行されています。日本でその年に発効した国際条約本文が、日本語と英語または仏語で掲載されています。

⑦ 『ベーシック条約集』東信堂、『国際条約集』有斐閣、『解説条約集』三省堂

⑧ 『外国の立法』202　わが国が未批准の国際条約一覧(改訂版)国立国会図書館調査及び立法考査局　1998

1998年1月末現在で、日本が未批准である多数国間条約のリスト。条約の本文掲載資料、日本語訳の掲載資料名がわかります。

──インターネットで

②の *Multilateral treaties deposited with the Secretary-General* はインターネットでも最新の署名・批准状況が公開されています。

(http://untreaty.un.org/ENGLISH/sample/EnglishInternetBible/bible.asp)

また、⑧の「わが国が未批准の国際条約一覧」も、国立国会図書館のホームページで公開されています(http://www.ndl.go.jp/horei_jp/Treaties/treaties_index.htm)。

2　国際法委員会(International Law Commission)

① *Yearbook of the International Law Commission.*（3分冊で刊行）

v.1	国際法委員会の議事概報
v.2(pt.1)	国際法委員会主要ドキュメントの再録
v.2(pt.2)	総会提出の国際法委員会年次報告書(GAOR.Suppl.no.10)の再録

② *The work of International Law Commission.* 5th ed.

③ *Analytical guide on the work of the International Law Commission 1947-1997.* (ST/LEG/GUIDE/　E.98.V.10)

④ *The International Law Commission 1947-1998.* Arthur Watts. 1999 Oxford University Press. 3 v.

国際法委員会が関わった条約・宣言を草案・注解とともに集成したもの。

3　国際商取引法委員会(United Nations Commission on International Trade Law: UNCITRAL)

① 総会公式記録補遺17(GAOR.Suppl.17)が年次報告。

② *United Nations Commission on International Trade Law Yearbook.* (A/CN.9/)
国際商取引法委員会とその下部作業部会の主要ドキュメントが再録されま

す。巻末に国際商取引関係条約の署名・批准状況あり。

　——インターネットで

　　国際商取引関係条約の署名・批准状況は、UNCITRAL status of conventions model law (http://www.uncitral.org/)でも調べられます。

③ *Basic documents on International Trade Law*. 3rd rev. ed. 1999 Martinus Nijhoff publishers.

　国際取引法の基本文書集。収録されている主な条約類は次のとおり。

1. 国際取引の枠組	国際物品売買契約に関する国際連合条約(ウィーン条約)
2. 売買	国際物品売買に関する制限期間条約、不履行の場合支払われるべき約定額についての契約事項に関するUNCITRAL統一規則、電子商取引に関わるUNCITRALモデル法
3. 運送	船荷証券に関するある規則の統一のための国際条約(ハーグルール)、海上物品運送に関する国際連合条約(ハンブルグルール)、国際物品複合運送に関する国際連合条約、国際物品道路運送契約に関する条約、国際航空運送に関するある規則の統一のための国際条約(ワルシャワ条約)
4. 決済	国際為替手形および国際約束手形に関する国際連合条約、荷為替信用状に関するICC統一規則及び慣例、独立保証およびスタンバイ信用状に関する国連条約
5. 工業所有権	工業所有権の保護に関するパリ条約、TRIPS協定
6. 紛争解決	UNCITRAL調停規則、UNCITRAL仲裁規則、UNCITRAL国際商事仲裁モデル法、外国仲裁判断の承認及び執行に関する条約

④ 『解説　国際取引法令集』1994　三省堂

⑤ 　インコタームズ (International Rules for the Interpretation of Trade Terms: INCOTERMS)

　国際商工会議所(ICC)が、FOB、CIFなどの定型貿易取引条件の解釈を制定したもの。インコタームズ2000は、UNDoc A/CN.9/479。日本語訳は『インコタームズ2000』英文併記　国際商工会議所日本委員会　1999

4　地球環境に関するおもな条約

砂漠化防止条約　International Convention to Combat Desetrtification in Those Countries Experiencing Serious Drought and/or Desertification. Particularly in Africa (1994)

生物多様性条約　Convention on Biological Diversity (1992)

気候変動枠組み条約(地球温暖化防止条約)　Framework Convention on Climate

3章　テーマごとの検索・おもな国連資料　77

　　Change (1992)

オゾン層保護のためのウィーン条約(モントリオール議定書)　Vienna Convention on the Ozone Layer (1985) Montreal Protocol (1985)

長距離越境大気汚染条約(ECE条約)(酸性雨条約)　Convention on Long-range Transboundary Air Pollution (1979)

① *Basic Documents on International Law and the Environment.* P. W. Birnie and A. E. Boyle. Oxford. 1995.

　地球環境に関する条約を再録しています。

② *Yearbook of International Environmental Law* v.1-(1990)-Graham & Trotman, のちに Oxford

　地球環境問題へのその年の取り組み(The Year in Review)、書誌(Bibliography)とともに各年の主な環境に関する条約・宣言が再録されています。

③ 『環境関連国際条約集』岩間徹、磯崎博司監修　財団法人環境調査センター刊　1991

④ 『地球環境条約集』第3版　地球環境法研究会編　中央法規出版刊　1999.2

5　有害廃棄物の規制

① *Transbaundary Movements and Disposal of Hazardous Wastes in International Law: basic documents.* edited by Barbara Kwiatkowsku and Alfred H.A. Soons Martinus Nijhoff. 1993

② *International Management of Hazardous Wastes: the Basel Convention and related legal rules.* Katharina Kummer. Oxford. 1995.

　有害廃棄物の国境を越える移動及びその処分に規制に関するバーゼル条約 (Convention on the Control of Transboundary Movements of Hazardous Wastes and their Disposal 1989)をはじめ、主な有害廃棄物の規制、越境移動の国際的規制については、①②の図書に本文が再録されています。

　──インターネットで

　　Basel Convention: about the Basel Convention (http://www.basel.int/about.html)で、バーゼル条約の本文、批准状況を見ることができます。

78　第1部　国際連合

6　海洋法
6-1　海洋法に関する国連会議

① 1958 第1次国連海洋法会議 The first United Nations Conference on the Law of the Sea　ジュネーブ

United Nations Conference on the Law of the Sea Official Records v.1-v.7（A/CONF. 13/37-43）

② 1960 第2次国連海洋法会議 The second United Nations Conference on the Law of the Sea　ジュネーブ

Official Records of the 2nd United Nations Conference on the Law of the Sea.（A/CONF. 19/9　E. 62. V. 3）

Second United Nations Conference on the Law of the Sea: summary records, annexes and final act.（A/CONF. 19/14　E. 60. V. 6）

③ 1973 第3次国連海洋法会議 The third United Nations Conference on the Law of the Sea　ジュネーブ

Report of the 3rd United Nations Conference on the Law of the Sea.（A/CONF.62/）

第3次国連海洋法会議の文書は次の図書にもまとめられています。

　③-1　*Third United Nations Conference on the Law of the Sea: documents of the Geneva session.* Kommission bei A. Metzuer. 1975.

　③-2　*United Nations Conference on the Law of the Sea. 3rd. 1973-1982.* Ocean Publications. 1982.

6-2　海洋法に関する文書集

① *The Laws of the Sea: documents.* Ocean Publications. 16v.1990-

1983年から1994年にかけての国際海底機構（International Sea-Bed Authority）と国際海洋法裁判所の準備委員会の文書が再録されています。

② *International organizations and the law of the sea: documentary yearbook.* Netherlands Institute for the Law of the Sea（NILOS） v.1:1985- Graham & Trotman /Martinus Nijhoff　1987-.

国連及び国連専門機関の海洋法関係の主な文書を再録。

再録されている文書の発行機関は、国連総会、国連海洋法締約国会議、国連海底機構、国際海洋法裁判所、経済社会理事会、国連環境計画、国連貿易開発会議（UNCTAD）。

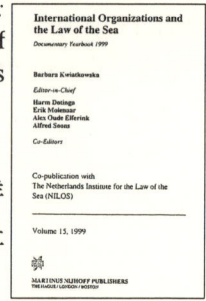

専門機関では、FAO、IMO、WMO、UNESCO、IAEAなどの文書。

6-3 海洋法に関する主な出版物

① 国連海洋法条約（1994年発効）

The Law of the sea: United Nations Convention on the Law of the Sea Agreement relating to the implementation of Part XI of the United Nations Convention on the Law of the Sea with index and excerpts form the final act of the third United Nations Conference on the Law of the Sea. Division for Ocean Affairs and the Law of the Sea. Office of Legal Affairs 1997. (E. 97. V. 10)

国連海洋法条約の英和対訳書は『英和対訳　国連海洋法条約〔正訳〕』外務省経済局海洋課監修　財団法人日本海洋協会発行　1997

② 排他的経済水域に関する国連資料

②-1　*The Law of the Sea: national legislation on the exclusive economic zone.* 1993. (E. 93. V. 10)

②-2　*The Law of the sea: conservation and utilization of the living resources of the exclusive economic zone: legislative history of articles 61 and 62 of the United Nations Convention on the Law of the sea.* 1995 (E. 95. V. 21)

③ 無害通航権に関する国連資料

The Law of the Sea: national legislation on the terriorial sea, the right of innocent passage and the contiguous zone. 1995 (E.95.V.7)

④ 大陸棚に関する国連資料

The Law of the Sea: definition of the continental shelf: an examination of the relevant provisions of the United Nations Convention on the Law of the Sea. 1993 (E. 93. V. 16)

⑤ 国際海洋法裁判所に関する資料（図版）

International Tribunal for the Law of the Sea Yearbook. v. 1: 1996/1997- Kluwer Law International

6-4 海洋法に関する書誌

① *The Law of the Sea: a bibliography on the Law of the sea. 1968-1988: two decades of law-making, state practice and doctrine* (Bilingal: English /French). 1991 (E/F. 91. V. 7)

② *The Law of the Sea: a bibliography on the law of the sea: 1968-1988 two decades of law-making, state practice and doctrine* (Multilingual supplement). 1993 (M. 93. V. 15)

③ *The Law of the Sea: a select bibliography.* 年刊　（LOS/LIB/）

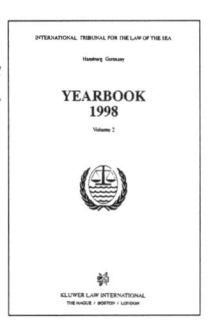

8　障害者問題と国連

1　障害者問題に関する宣言

　精神薄弱者の権利に関する宣言　Declaration on the rights of mentally retarded persons. A/RES/2856(XXVI)(1971)

　障害者権利に関する宣言　Declaration on the rights of disabled persons. A/RES/3447(XXX)(1975)

　障害者に関する世界行動計画　World Progmamme of action concerning disabled persons. A/37/52/RES(1982)

　障害者の機会均等化に関する標準規則　Standard rules on the equalization of opportunities for persons with disabilities. A/48/96/RES(1993)

　国連の障害者に関する宣言・決議は、次の図書に日本語訳があります。
① 『国際連合と障害者問題　重要関連決議文書集』中野善達編　1997　エンパワメント研究所刊
② 『完全参加と平等をめざして　国際障害者年のあゆみ』国際障害者年日本推進協議会編　1982　日本障害者リハビリテーション協会刊

2　障害者に関する統計

① *Disability: statistics compendium.* 1990(ST/ESA/STAT/SER.Y/4 E.90.XVII.17)
　年齢、性別、教育、就労、婚姻状態、家庭環境、居住、障害の原因、補助器具・手段などの各国ごとのデータを収録。

9　子どもへの援助

1　国連児童基金　United Nations Children's Fund: UNICEF

　国連児童基金(ユニセフ)は、子どもの生存、保護、成長のため、各国政府と協力してさまざまな子どものための計画を実施しています。

　執行理事会の年次報告(Executive Board of the United Nations Children's Fund:

① *The state of the world's children*　年刊（世界子ども白書）

世界の子どもを取り巻く問題を提唱しています。巻末のStatistical tablesに次のような各国の統計データが載っています。

5歳未満児死亡率、乳児死亡率（1歳未満）、平均余命、小学校就学率、識字率、低出生体重児出生率、母乳育児の子どもの比率、予防接種を受けた比率（三種混合、ポリオ）

② *The Progress of Nations.* 1993-　年刊　（国々の前進）

子どもの暮らしを改善するための各国の取り組み（衛生、栄養、保健、教育など）について報告しています。

③ *UNICEF annual report*　（ユニセフ年次報告）

ユニセフの活動状況、財政状況などの年次報告。

2　国連子ども特別総会　2002.5

最終文書「子どもにふさわしい世界」を採択

Report of the Ad Hoc Committee. (GAOR 27th special session Suppl. no.3.) (A/S-27/19/Rev.1)

10　高齢者

1　高齢者問題に関する国連文書・国際会議

① 1982 ウィーン　高齢者問題世界会議（World Assembly on Ageing）

高齢化に関する国際行動計画（International Plan of Action on Ageing）採択

Report of World Assembly on Ageing　(A/CONF.113/31 E.82.I.16)

② 1991 総会「高齢者のための国連原則」（United Nations Principles for Older Persons）採択　A/RES/46/91　Annex.

③ 1992 高齢者問題国際会議（International Conference on Ageing）開催

高齢化に関する宣言(Proclamation on Ageing)採択　A/RES/47/5　Annex
1999年を国際高齢者年(International Year of Older Persons)とすると宣言
④　1995　事務総長による国際高齢者年の基本構想(conceptual framework)発表
国際高齢者年のテーマは、Towards a society for all ages(すべての世代の社会をめざして)となった。(UNDoc A/50/114)
⑤　1997.12　国際高齢者年の実施枠組み(operational framework for the International Year of Older Persons)
各国政府の取り組みのためのアイデア(menu of ideas for national activities)が提示される。(UNDoc A/52/328)
⑥　2002.4　マドリッド　第2回高齢者問題世界会議(2nd World Assembly on Ageing)
政治宣言・行動計画が採択されました。
Report of the Second World Assembly on Ageing Madrid, 8-12 April　2002（A/CONF.197/9）

コラム　高齢化社会の基準

『平成12年度厚生白書』10頁に次の記述があります。

「高齢化率(高齢者人口割合)が7％を超えた社会を高齢化社会と呼ぶことがあるが、これは1956年の国連の報告書において、当時の欧米先進国の水準を基にしながら、仮に、7％以上を「高齢化した(aged)」人口、4～7％を「成熟した(mature)」人口、4％未満を「若い(young)」人口と呼んだことが始まりといわれているが、必ずしも絶対的な基準ではない。」

この1956年の国連報告書とは、*The aging of populations and its economic and social implications.*（Population studies, no. 26）（ST/SOA/SER.A/26 1956.XIII.6)を指します。同書のp.10に、この記述があります。

11 犯罪防止・刑事司法

1 犯罪防止・刑事司法委員会 Commission on Crime Prevention and Criminal Justice

1992年に経済社会理事会の機能委員会として設置されました。年次報告は、経済社会理事会公式記録補遺(ECOSOC OR Suppl.)。

2 犯罪防止および犯罪者の処遇に関する国連会議(United Nations Congress on the Prevention of Crime and the Treatment of Offenders)

5年ごとに開催されています。

会期	開催年	開催地	会議文書のドキュメント記号	備考
第1回	1955	ジュネーブ	A/CONF. 6/	非拘禁者の処遇に関する最低基準規則(Standard Minimum Rules for the Treatment of Prisoners)の承認
第2回	1960	ロンドン	A/CONF. 17/	
第3回	1965	ストックホルム	A/CONF. 26/	
第4回	1970	京都	A/CONF. 43/	
第5回	1975	ジュネーブ	A/CONF. 56/	「拷問その他の残酷な非人間的、侮辱的な取り扱い、刑罰からすべての人々を保護する宣言(拷問からの保護宣言)」(Declaration on the protection of all persons from being subjected to tortune and other cruel, inhuman or degrading treatment or punishment)が同年の国連総会で採択されています。A/RES/3452(XXX) またジュネーブ会議では「法執行官の行動基準」(Code of conduct for law enforcement officials)の原案が作成され、同基準はA/RES/34/169で総会によって承認されています。日本語訳が『テキスト国際刑事人権法各論(上)』(五十嵐二葉著 信山社 1997)にあります。
第6回	1980	カラカス	A/CONF. 87/	「カラカス宣言」(Caracas Declaration)が同年の総会で採択されています。A/RES/35/171
第7回	1985	ミラノ	A/CONF. 121/	「ミラノ行動計画」を採択 また、司法(裁判官)の独立基本原則(Basic principles on the independence of the judiciary)を採択。総会決議(A/RES/40/32およびA/RES/40/146)で承認されています。日本語訳が『テキスト国際刑事人権法各論(上)』にあります。

84　第1部　国際連合

				さらに、「犯罪および権力乱用犠牲者に対する公正の基本原則宣言」（Declaration of basic principles of justice for victims of crime and abuse of power）が同年の総会で承認されています。A/RES/40-34 「少年裁判の執行に関する国連最低基準規則（北京規則）」U.N.standard minimum rules for the administration of Juvenile Justice（The Beijing Rules）も同年の総会で承認されています。A/RES/40/33
第8回	1990	ハバナ	A/CONF. 144/	犯罪人引き渡しの条約案をはじめ以下の基本原則、指針の案が採択されました。 非拘禁者の処遇に関する基本原則（Basic principles for the treatment of prisoners）国連総会決議　A/RES/45/111 拘留以外の措置に関する国連最低基準規則（東京規則）（United Nations standard minimum rules for non-custodial measures）国連総会決議　A/RES/45/110 少年非行の防止に関する国連指針（リヤド・ガイドライン）（United Nations guidelines for the prevention of juvenile delinquency）国連総会決議　A/RES/45/112
第9回	1995	カイロ	A/CONF. 169/	
第10回	2000	ウィーン	A/CONF. 187/	「犯罪と正義に関するウィーン宣言」採択 UNDoc A/CONF. 187/157

12　国際麻薬統制

1　国際麻薬統制に関する機関

① 麻薬委員会（Commission on Narcotic Drugs: CND）

麻薬取締に関して国連の中心となる政策決定機関。年次報告は経済社会理事会公式記録補遺（ECOSOCOR. Suppl.）。

② 国際麻薬統制委員会（International Narcotics Control Board: INCB）

麻薬取締関係条約の各国の履行状況の評価・監督をしています。

③ 国連薬物統制計画（United Nations International Drug Control Programe: UNDCP）

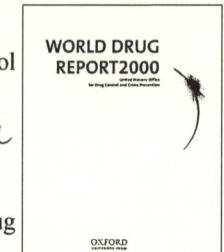

薬物統制に関する情報センター。各国政府への勧告・援助を行なっています。*Global illcit drug report*(不正薬物リポート)や、*World drug report*(世界薬物白書)(図版)を発行しています。

2 麻薬に関する主な国際条約

Single Convention on Narcotic Drugs	1961	麻薬に関する単一条約
Convention on Psychotropic Substances	1971	向精神薬に関する条約
Protocol amending the Single Convention	1972	単一条約を修正する議定書
United Nations Convention against Illicit Traffic in Narcotic Drugs and Psychotropic Substances	1980	麻薬および向精神薬の不正取引の防止に関する国連条約

3 麻薬問題に関する国際会議

① 麻薬の乱用と不正取引に関する国際会議(International Conference on Drug Abuse and Illicit Trafficking) ウィーン 1987

「麻薬の乱用統制に関する将来の活動の学際的な総合的要領(Comprehensive Multidisciplinary Outline of Future Activities in Drug Abuse Control)」が採択されました。

Report of the International Conference on Drug Abuse and Illicit Trafficking, Vienna, 17-26, June 1986. (A/CONF. 133/12 E. 87. I.18)

② 世界麻薬問題に関する国連第20回特別総会 1998

「政治宣言」(Political Declaration A/RES/S-20/2)、「薬物需要削減の指針に関する宣言」(Declaration on the Guiding Principles of Drug Demand Reduction A/RES/S-20/3)、「世界薬物問題対策に関する国際協力を強化するための措置」(Measures to enhance international cooperation to Counter the World drug problem A/RES/S-20/4)を採択。

②-1 *Resolutions and decisions adopted by the General Assembly during its twentieth special session.* (GAOR 20th special session Suppl.3) (A/S-20/14)

②-2 『国際薬物統制に関する国連特別総会—何が決まったか』(1998. 8 国際連合広報センター)に各宣言の日本語訳があります。

13 持続可能な発展・地球環境

1 国連環境計画(United Nations Environment Programme: UNEP)

環境に関する活動の管理、国際協力の推進が目的。地球環境の監視や環境に関する条約作成を推進しています。UNEP理事会の年次報告(*Report of the Governing Council on the work of its... session*)が、総会公式記録補遺25(GAOR Suppl.no.25)で出されます。

① *Report on new projects*

UNEP環境基金(Environment Fund)によるプロジェクトまたは非政府機関や政府機関のプロジェクトで、UNEP事務局が承認したものの概要が載っています。

② *Environment Data Report*

UNEP地球環境監視システム(GEMS)による報告書。気候、天然資源、健康、エネルギー、自然災害など。

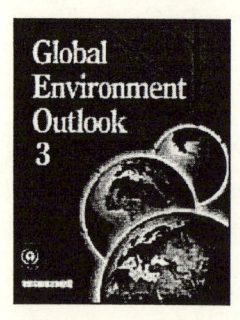

③ *Global Environment Outlook* (図版)
地球環境の現状と将来予測。

④ *Global Biodiversity Assessment.* 1995 Cambridge Universty Press
生物多様性に関する情報。政策立案者のための概要版の翻訳が『多様な生物との共生をめざして—生物多様性国家戦略』(環境庁編 1996)にあります。

2 環境に関する国際会議

① 1972 ストックホルム 国連人間環境会議 United Nations Conference on the Human Environment

「人間環境宣言」「かけがえのない地球を守るための行動計画」を決定。
Report of the United Nations Conference on the Human Environment. (A/CONF.48/14/Rev.1 E.73.II.A.14)
『国連人間環境会議の記録』環境庁編 1972

② 1992 リオデジャネイロ 環境と開発に関する国連会議(地球サミット)
United Nations Conference on Environment and Development: UNCED
「アジュンダ21」「環境と開発に関するリオデジャネイロ宣言」を採択(会議レポート A/CONF.151/26/Rev.1)

Agenda 21: programme of action for sustainable development, Rio declaration on environment and development, Statement of forest principles: the final text of agreements negotiated by government at the UNCED. (DPI/1344 E.93.I.11)

『アジェンダ21—持続可能な開発のための人類の行動計画—(附録 リオ宣言、森林原則声明)』環境庁・外務省監訳 1993 海外環境協力センター刊

③ 1997 ニューヨーク 国連環境開発特別総会(地球サミット＋5)
「アジェンダ21の一層の実施のための計画(Programme for the further implementation of Agenda 21)」採択(A/S19-2/RES)

Resolutions and Decesions adopted by the General Assembly during its nineteenth special session (GAOR 19th special sess Suppl. no.2) (A/S-19/33)

『アジェンダ21実施計画('97)アジェンダ21の一層の実施のための計画』環境庁・外務省監訳 1997 エネルギージャーナル社刊

④ 2002.8 ヨハネスブルグ 持続可能な開発に関する世界首脳会議(環境開発サミット)

3 砂漠化

3-1 砂漠化への取り組み

① 1977 ナイロビ 国連砂漠化会議 United Nations Conference on Desertification
「砂漠化と戦うための行動計画」(Plan of Action to Combat Desertification PACD)採択　(UNDoc A/CONF.74/3)

② 1996 砂漠化防止条約(U.N. Convention to Combat Desertification in Those Countries Experiencing Serious Drought and/or Desertification, particulary in Africa)発効

③ 砂漠化防止条約締約国会議
第1回 1997 ローマ(イタリア)　(UNDoc ICCD/COP(1)/)
第2回 1998 ダカール(セネガル)
第3回 1999 レシフェ(ブラジル)

第4回 2000 ボン(ドイツ)
第5回 2001 ジュネーブ(スイス)

3-2 砂漠化地図

① *World map of Desertification, at a scale of 1: 25,000,000* 1977 Nairobi United Nations Conference on Desertification. (UNDoc A/CONF.74/2)
② *World atlas of desertification.* 2nd ed. 1997. UNEP. Published by Arnold. 砂漠化に関する文献一覧付き

4 気候変動・地球温暖化

4-1 気候変動に関する政府間パネル Intergovernmental panel on climate change: IPCC

各国政府を代表する専門家による地球温暖化を検討する場。1988年に国連環境計画(UNEP)、世界気象機関(WMO)により設置されました。URLは、http://www.ipcc.ch/

IPCCには、3つの作業部会があり、第1作業部会は気候変動の科学的評価、第2作業部会は影響評価、第3部会は対応戦略を担当しています。

① IPCCの主な報告書

IPCC 1990 (第1次評価)	第1作業部会報告	*Climate change: the IPCC scientific assessment.* 1990 Cambridge University Press. 翻訳は『気候変動に関する政府間パネル(IPCC)—気候変動の科学的評価』気象庁総務部気候変動対策室訳・刊 1990.9
	第2作業部会報告	*Climate change: the IPCC impacts assessment.* 1990 Australian Govt. Pub. 翻訳は『地球温暖化の影響予測 IPCC第2作業部会報告書』1992.4 中央法規出版刊
	第3作業部会報告	*Climate change: the IPCC response strategies.* Island Press.
	第3作業部会・エネルギー産業サブグループ報告	*IPCC: Energy and Industry Sub-Group report.* 翻訳は、『温暖化への世界戦略 気候変動に関する政府間パネルの温暖化対策(EIS報告)と提言』地球産業文化研究所訳 省エネルギーセンター刊 1991
	IPCC1990(第1次評価)の概要とサマリー	*IPCC first assessment.* IPCC1990の概要と政策決定者向けサマリーの翻訳は、『IPCC地球温暖化レポート』霞ヶ関地球温暖化問題研究所編・訳 中央法規出版 1991

IPCC 1992 (第1次評価の補足)	第1作業部会報告	*Climate change 1992: the supplementary report to the IPCC scientific asessment.* Cambridge University Press 1992
	第2作業部会報告	*Climate change 1992: the supplementary report to the IPCC Impacts assessment.*
IPCC 1994特別報告	第1・第3作業部会報告	*Climate chenge 1994: radiative forcing of climate change and an evaluation of the IPCC.*
IPCC 1995 (第2次評価)	第1作業部会報告	*Climate change 1995: the science of climate change.* The press Syndicate of the University of Cambridge. 1996　翻訳は、『気候変化 気候変化の科学 1995』気象庁訳・刊 1996。また、同書は次の書名で大蔵省印刷局からも発行されています。『地球温暖化の実態と見通し——世界の第一線の科学者による最新の報告』1996
	第2作業部会報告	*Climate change 1995: scientific-technical analysis of Impacts. adaptions and mitigation of climate change.*
	第3作業部会報告	*Climate change 1995: economic and social dimensions of climate change.*
	IPCC1995 総合報告書	*Climate change 1995: a report of the IPCC contains the synthesis of scientific technical information relevant to interpreting Article 2 of the UN Framework Convention on Climate change plus the summaries for policymakers form Working Groups I, II and III.* 総合報告書及び各部会サマリーの翻訳は、『IPCC地球温暖化第2次レポート』1996 中央法規出版
IPCC 1995以降の報告	第2作業部会報告	*The regional impacts of climate chenge: an assessment of vulnerability.* 1997
	第1・第3作業部会報告	*Aviation and the global atomosphere.* 1999
1995以降の特別報告		*Land use, land-use change and foresry.* 2000
		Emissions scenarious. 2000
		Methodological and technological issues in technology. 2000
IPCC 2001 (第3次評価)	第1作業部会	*Climate chenge 2001: the scientific basis.*
	第2作業部会	*Climete chenge 2001: impacts, adaption and vulnerability.*
	第3作業部会	*Climete chenge 2001: mitigation.*
	IPCC 2001総合報告書	*Climete change 2001 synthesis report: contributions of IPCC working groups to the third assessment report.* 2001. 総合報告書及び各部会サマリーの翻訳は『IPCC地球温暖化第三次レポート』2002 中央法規出版

――インターネットで

IPCCのホームページでは、第2次評価以降の各報告書のサマリー（Summary for policy makers, Technical summary）が pdf 形式で公開されています。

URL は、http://www.ipcc.ch/pub/reports.htm

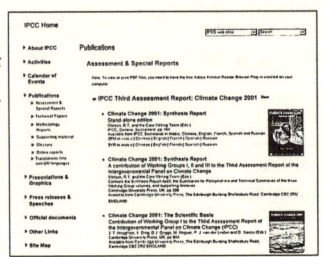

4-2 気候変動枠組み条約締約国会議（Framework Convention on Climate Change, Conference of the Parties）

第1回	1995	ベルリン	・ベルリンマンデート採択 ・UNDoc FCCC/CP/1995/71Add.1 Addendam ベルリンマンデート・アドホックグループ会合発足 （文書のドキュメント記号→FCCC/AGBM/）
第2回	1996	ジュネーブ	・ジュネーブ宣言採択 ・UNDoc FCCC/CP/1996/15/Add.1 Annex
第3回	1997	京都	・京都議定書（KYOTO PROTOCOL）採択 ・UNDoc FCCC/CP/1997/7/Add.1 Annex 『京都議定書と私たちの挑戦――「気候変動に関する国際連合枠組条約」に基づく第2回日本報告書』（環境庁編 大蔵省印刷局刊 1998）に、環境庁地球温暖化対策研究会による京都議定書の暫定訳あり。『地球環境条約集』（第3版 1999）にも京都議定書の仮訳あり。
第4回	1998	ブエノスアイレス	
第5回	1999	ボン	
第6回	2000	ハーグ	
第7回	2001	マラケシュ（モロッコ）	京都議定書の運用ルール採択
第8回	2002	ニューデリー	「デリー宣言」を採択

5 地球環境に関するそのほかの文献

① 『地球環境キーワード事典』3訂 環境庁地球環境部編 中央法規 1998.2
地球環境への国際機関の取り組みについてわかりやすく解説されています。

② *The Limits to Growth: a report for the Club of Rome's project on the predicament of mankind.* Donella H. Meadows....et al. Earth Island 1972
翻訳は『成長の限界：ローマクラブ「人類の危機」レポート』ドネラ・H・メドウズ他著 大来佐武郎監訳 1972 ダイヤモンド社

③ *Our Common Future.* World Commission on Environment and Development.

Oxford University Press 1987

環境と開発に関する世界委員会（ブルントラント委員会）による報告書で、持続可能な発展(Sustainable Development)の考えを取り上げています。

翻訳は『地球の未来を守るために』1987 福武書店

14　人間居住

1　国連人間居住センター：ハビタット(United Nations Centre for Human Settlement)(Habitat)

国連人間居住センター（通称ハビタット）は、居住の開発や住宅改善運動、国連機構内の人間居住に関する活動の調整を行っています。本部はナイロビ。また、国連人間居住委員会(United Nations Commission for Human Settlement)の事務局としての役割を負ってます。人間居住委員会の年次報告は、総会公式記録補遺8（GAOR.Suppl.8）で出されています。

2　ハビタットの主な報告書

① *Global report on human settlements*. Published by Oxford University Press for the United Nations Centre for Human Settlements(Habitat) 1987

人間居住に関する包括的な報告書。「イネイブリング戦略(Enabling Strategy)」を発表しています。

② *Global strategy for shelter to the year 2000*. 1989 (HS/185-90E)

2000年に向けての居住戦略を提案（総会決議A/43/181/RESで採択）。

3　人間居住に関する世界会議

① 第1回国連人間居住会議 1976 バンクーバー United Nations Conference on Human Settlement(HABITAT)

Report of HABITAT: United Nations Conference on Human Settlement. 1976 (A/CONF.70/15　E.76.IV.7)

② 第2回国連人間居住会議（ハビタットⅡ）1996 イスタンブール United

Nations Conference on Human Settlements. (HABITAT II)
ハビタットアジェンダ(居住問題解決のための世界行動計画)とイスタンブール宣言が採択されました。

Report of United Nations Conference on Human Settlements. 1997 (A/CONF.165/14 E.97.IV.6)

ハビタットアジェンダは、次の図書に翻訳が載っています。『居住問題に取り組むハビタット』国土庁長官官房参事官室編　大蔵省印刷局　1998

③　居住に関する国連特別総会　2001.6

Report of the Ad Hoc Committee of the whole of the twenty-fifth special session of the General Assembly. (GAOR 25th special session suppl. no.3) (A/S-27/Rev.1)

4　人間居住に関する統計

Compendium of Human Settlements Statistics. 1995 (ST/ESA/STAT/SER.N/5　E.95.XVII.11)

各国ごとに居住に関する次のようなデータを掲載しています。

> 人口、住宅数、経済活動人口、ホームレスの人数、土地利用、住宅建築数、住宅数(部屋数別、保有形態別、水道管の有無別、水洗トイレの有無別、照明器具別、台所の有無別)、犯罪者数、服役者数、自動車数、病院数、医者の数、電話線、テレビ、新聞、映画館、公園数、水の消費、電力消費、都市人口

5　日本国内の事務所

国際連合人間居住センター(ハビタット)福岡事務所
〒810-001　福岡市中央区天神1-1-1　アクロス福岡8階
　　　TEL　092-724-7121

人間居住の項の参考図書
『人間居住キーワード事典　都市・農村・地球』岩崎駿介ほか　中央法規出版　1995

15　投資と多国籍企業

国連は1975年から「多国籍企業計画(Programme on Transnational Corporations)」

を通じて海外直接投資や多国籍企業に関する研究をしています。この計画は、1975年から1992年までは、国連多国籍企業センター(United Nations Centre on Transnational Corporations)、1993年からはUNCTADの多国籍企業・投資部が担当しています。国際投資の傾向や多国籍企業が受入国・本国にもたらす影響、環境への影響などの調査結果は次のような刊行物に発表されています。

① *World Investment Report*（世界投資報告）1990年より年刊
　（ドキュメント記号　UNCTAD/WIR/year）

　世界投資報告には、世界の多国籍企業トップ100(The world's 100 largest TNCS)も発表されています。

② *Transnational Corporations*　年3回刊
　多国籍企業に関する専門雑誌

③　多国籍企業に関する書誌
　③-1　*Transnational Corporations: a selective bibliography 1983-1987.*（ST/CTC/76）
　③-2　*Transnational Corporations: a selective bibliography 1988-1990.*（ST/CTC/116）
　③-3　*UNCTC Bibliography 1974-1987*（ST/CTC/88）

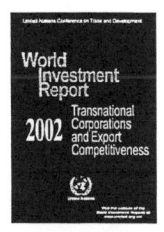

16　宇宙空間

1　宇宙空間平和利用委員会(Committee on the Peaceful Uses of Outer Space: COPUOS)

宇宙空間の平和利用計画実施のために、その方法および法律問題を検討しています。年次報告は総会公式記録補遺20(GAOR.Suppl.no.20)で出されています。

2　宇宙空間に関するおもな資料

① *United Nations treaties and principles on outer space: text and status of treaties and principles governing the activities of states in the exploration and use of outer space, adopted by the United Nations General Assembly.* 1994（A/AC.105/572）

総会で採択された宇宙に関する条約原則集

② *Highlights in Space: progress in space science, technology and applications, international cooperation and space law.* (ST/SPACE/)

宇宙に関する科学技術、応用計画、国際協力、宇宙法に関する年次報告

③ 『解説宇宙法資料集』　編集代表・栗林忠男　慶応通信　1995

次の条約の日本語訳が収載されています。宇宙条約、宇宙救助返還協定、宇宙損害責任条約、宇宙物体登録条約、月協定

3　宇宙空間に関する国際会議

① 第1回国連宇宙平和利用会議　1968 ウィーン　United Nations Conference on the Exploration and Peaceful Uses of Outer Space: UNISPACE

Space exploration and applications: papers presented at the United Nations Conference on the Exploration and Peaceful Uses of Outer Space, Viena 14-27. August 1968.　(A/CONF.34/2 v.1-2　E.69.Ⅰ.16)

② 第2回国連宇宙平和利用会議　UNISPACE II　1982　ウィーン

Report of the 2nd United Nations Conference on the Exploration and Peaceful Uses of Outer Space, Vienna 9-21 August 1982. (A/CONF.101/10)

③ 第3回国連宇宙平和利用会議　UNISPACE III　1990　ウィーン

Report of the 3rd United Nations Conference on the Exploration and Peaceful Uses of Outer Space, Vienna 19-30 July 1999. (A/CONF.184/6)

17　危険物

1　危険物輸送専門家委員会

　危険物の輸送に関しては、経済社会理事会の下部機関として危険物輸送専門家委員会 (Committee of Experts on the Transport of Dangerous Goods) があり、危険物の輸送に関して国際的な基準を作成しています。

2　オレンジブック

　危険物輸送専門家委員会の基準書は、表紙の色がオレンジなので、通称オ

レンジブックと呼ばれています。

① *Recommendations on the Transport of Dangerous Goods: model regulations.* 12 th ed.(ST/SG/AC.10/1/Rev.12　E.01.VIII.4)

危険物リスト(Dangerous Goods List)が掲載され、物質には国連番号(UN Number)が付けられています。

② *Recommendations on the Transport of Dangerous Goods: manual of tests and criteria.* 3rd rev. ed.(ST/SG/AC.10/11/Rev.3　E.99.VIII.2)

3　消費・販売禁止生産物リスト

Consolidated list of products whose consumption and/or sale have been banned, withdrawn, severely restricted or not approved by governments. (ST/ESA/253　E.97.IV.2)

各国政府によって消費・販売が禁止・制限されている生産物のリスト。物質ごとにCAS番号、禁止・制限されている国、WHOのコメントが掲載されています。

18　開発のための科学技術

1　開発のための科学技術委員会　Commission on Science and Technology for Development: CSTD

経済社会理事会の機能委員会。年次報告は経済社会理事会公式記録補遺(ECOSOCOR Suppl.)で刊行されています。

2　開発のための科学技術に関する国際会議

1979　ウィーン　開発のための科学技術に関する国連会議　United Nations Conference on Science and Technology for Development.

「開発のための科学技術ウィーン行動計画」が採択されました。

Report of the United Nations Conference on Science and Technology for Development, Vienna, 20-31 Augusut 1979 (A/CONF.81/16　E.79.I.21)

19 放射線の影響

1 放射線の影響に関する国連科学委員会 United Nations Science Committee on the Effects of Atomic Radiation: UNSCEAR

放射線の人間および環境に与える影響について各国から情報を収集しています。年次報告を総会公式記録補遺46(GAOR.Suppl.46)で出しています。

2 放射線の影響に関する報告書

放射線の影響に関する国連科学委員会は、電離放射線(ionizing radiation)の影響についての報告書を科学的付属書とともに次のタイトルで総会に提出しています。

2001年版	*Hereditary effects of radiation: United Nations Scientific Committee on the Effects of Atomic Radiation, UNSCEAR 2001 report to the General Assembly, with scientific annex.* (01.IX.2)
2000年版	*Sources and effects of ionizing radiation: UNSCER 2000 report to the General Assembly. with scientific annex.* (E.00.IX.3 E.00.IX.4)
1996年版	*Sources and effects of ionizing radiation: UNSCER report to the General Assembly. with scientific annex.* (E.96.IX.3)
1994年版	*Sources and effects of ionizing radiation: UNSCER report to the General Assembly. with scientific annex.* (E.94.IX.11) 日本語版『放射線の線源と影響:原子放射線の影響に関する国連科学委員会の総会に対する1994年報告書 付属書付』放射線医学総合研究所監訳 実業公報社刊 1996
1993年版	*Sources and effects of ionizing radiation: UNSCER report to the General Assembly. with scientific annex.* (E.94.IX.2) 日本語版『放射線の線源と影響:原子放射線の影響に関する国連科学委員会の総会に対する1993年報告書 付属書付』放射線医学総合研究所監訳 実業公報社刊 1995
1988年版	*Sources, effects and risks of ionizing radiation: UNSCER report to the General Assembly. with scientific annex.* (E.88.IX.7) 日本語版『放射線の線源、影響及びリスク 原子放射線の影響に関する国連科学委員会の総会に対する1988年報告書 付属書付』放射線医学総合研究所監訳 実業公報社刊 1990
1982年版	*Ionizing radiation: sopurce and biological effects: 1982 report to the General Assembly.* (E.82.IX.8) 日本語版『放射線とその人間への影響』放射線医学総合研究所監訳 テクノプロジェクト刊 1984
1977年版	*Sources and effects of ionizing radiation: 1977 report to the General Assembly. with scientific annex.* (E.77.IX.1) 日本語版『放射線の線源と影響 1977年国連科学委員会報告書』放射線医学総合研究所監訳 アイ・エス・ユー 1978

20 国際裁判所

1 常設仲裁裁判所　Permanent Court of Arbitration

Reports of International Arbitral Awards. 1948-　不定期刊

慣習国際法を役立てるものにする目的で、仲裁裁判の裁定集が刊行されています。略称 RIAA。常設仲裁裁判所とそのほかの特設法廷による裁定を収録しています。

なお、*Survey of International Arbitral Awards 1794-1970*（A.M.Stuyt. 1972 Sijthoff）に、RIAAに収録の裁定への参照があります。

2 国際刑事裁判所

① 国際刑事裁判所設立のための外交会議 1998 ローマ

ICCローマ規程（Roma Statute of the International Criminal Court）が採択されました。UNDoc A/CONF.183/9

Final act UNDoc A/CONF.183/10

② 第1回ローマ規定締約国総合報告

Report of the First Session of the Assembly of States Parties to the Rome Statute of the International Criminal Court, New York (3-10 September 2002)（ICC-ASP/1/13　E.03.V.2）

3 旧ユーゴスラビア国際刑事法廷

Juridical reports: International Criminal Tribunal for the Former Yugpslavia. 1994/1995-　Kluwer Law International 1999-.

21 世界経済

World Economic and Social Survey　年刊

国連による世界経済調査報告。世界経済、先進国・自由経済移行国（旧社会主義国）・途上国の経済状況、国際貿易、国際金融におけるその年のトピックが述べられています。

1 地域経済—アジア・太平洋

アジア太平洋経済社会委員会(United Nations Economic and Social Commission for Asia and the Pacific: ESCAP)　http://www.unescap.org/

旧称 ECAFE、1974年よりESCAP。所在地はバンコク。アジア太平洋地域の経済社会開発のための協力機関として活動しています。年次報告は、経済社会理事会公式記録補遺(ECOSOC OR Suppl.)として出されています。

① *Economic and Social Survey of Asia and the Pacific.*
　アジア太平洋地域における経済社会状況のレポート

② *Statistical yearbook for Asia and the Pacific.*
　ESCAP域内加盟国56カ国の次のデータを掲載しています。ただし、国によってはデータのない項目もあります。

人口、人口増加率、男女別年齢別人口(5歳ごと)、就学者人口(産業別)、失業人口、国民経済計算、農林水産業(生産量など)、鉱工業生産、エネルギー(生産、貿易、消費者)、運輸(鉄道、道路、海上、航空)、観光、通信(郵便、電話、テレビ、ラジオ)、対外貿易(ESCAP域内との)、主要産品の貿易量、賃金、物価指数、金融、マネーサプライ、公定歩合、為替レート、SDRなど)、財政、学校数、研究者数、医者、病院の数、主な死因別死者数、交通事故、生命保険、居住

③ *Statistical indicators for Asia and the Pacific*　季刊
　ESCAP域内加盟国の基本データを表とグラフで紹介しています。次のデータは発表される号数が決まっています。

総人口、人口増加率、都市部／農村部人口、平均余命——3月号 人口密度、出生率、死亡率、識字率——6月号 農業生産指数、穀物生産、鉄工業生産指数、消費者物価指数——9月号 国際貿易、GDP成長率——12月号

④『調査資料』季刊　年3回刊　日本国際連合協会　日本エスキャップ協会発行
　ESCAPの年次報告やESCAP刊行物の日本語訳や内容紹介が載ることがあります。

2 地域経済—ヨーロッパ

欧州経済委員会(Economic Commission for Europe: ECE) http://www.unece.org/
　年次報告は、経済社会理事会公式記録補遺(ECOSOC OR Suppl.)。欧州経済委員会には、ヨーロッパ諸国、米国、カナダが加盟しています。旧ソ連や中東欧諸国も加盟しています。

① *Economic Survey for Europe.*

　ECE加盟国の経済に関する調査報告。市場経済移行国の経済についても調査報告がされています。

② *Trends in Europe and North America: statistical yearbook of the Economic Commission for Europe.*

　ECE加盟国のプロフィール（人口、面積、公用語、平均余命、主要貿易相手国、GDP、グリニッジ標準時との時差など）のほかに、加盟国のデータを次のテーマごとに表やグラフ、地図で紹介しています。人口、世帯、教育、雇用、収入・支出、保健、医療、居住、運輸、エネルギー、環境、通信、政治参加、犯罪・治安。

コラム　欧州経済委員会の標準化活動

　欧州経済委員会(ECE)は、ヨーロッパの経済社会分野の様々な基準を設定し、標準化活動を促進しています。国際的な基準や規格がない分野の基準・規格の統一化のさきがけとなっています。

① 　ECE 越境環境評価条約 Convention on Environmental Impact Assessment in a Transboundary Context(1991)

② 　長距離越境大気汚染条約（ECE条約） Convention on Long-Range Transboundary Air Pollution(1979)

③ 　自動車整備、自動車部品の統一様式　Agreement concerning the adoption of uniform conditions of approval and reciprocalrecognition of approval for motor vehicle equipment and parts(1958)

　③の協定にもとづくECE規則が装備品、部品ごとに100以上あります。規則の文書は、UNDoc E/ECE/324/Rev.1またはUNDoc E/ECE/324/Rev.2/Add.。Add.(追加)の番号は規則番号から1を引いた数です。たとえば、ブレーキに関する規則(Uniform provisions concerning the approval of vehicles with regard to braking)は、規則 No.13 ですので、UNDoc E/ECE/324/Rev.1/Add.12 に載っています。インターネットでも公開されています。

　　UNECE Transport Division.World Forum for Harmonization of Vehicle Regulations. (http://www.unece.org/trans/main/wp29/wp29regs.html)

④ 　貿易手続――UN/EDIFACT

　UN/EDIFACTとは、Electric Data Interchange for Administration, Commerce and Transport(行政、商業、運輸のための電子データ交換国連規則集)。

　貿易手続きのデータ(注文、発送、請求、支払い)のコンピュータシステム間における電子交換のために国際的に合意された規則、ディレクトリ、指針のセットと定義されています。ヨーロッパ経済委員会貿易拡大委員会貿易手続き簡易化作業部会(UN/ECE/WP.4)で、開発されました。

　UN/EDIFACT 国内問い合わせ先は、(財)日本貿易関係手続簡易化委員会アジアEDIFACTボード JASTPRO (http://www.jastpro.ab.psiweb.com/)
(参考文献：伊東健治「UN/EDIFACTをめぐる国際動向―広がりつつあるグローバル標準の活用―」『流通とシステム』(93)1997 秋 30-37頁)

3　地域経済―アフリカ

アフリカ経済委員会(Economic Commission for Africa: ECA) http://www.uneca.org/

本部はアジスアベバ。1958年4月に設立され、アフリカの国連加盟国がECAに加盟しています。年次報告は経済社会理事会公式記録補遺(ECOSOC OR Suppl.)

Survey of Economic and Social Conditions in Africa.

巻末のStatistical annexにアフリカ各国の統計データが収録されています。

面積、経済活動人口、出生死、死亡率、幼児死亡率、人口、都市人口の割合、平均余命、初等教育登録人口、GDP(経済活動別)(市場価格表示のための支出面から捉えたGDP)、GDP成長率、需要機構(Structure of demand)、土地利用、農業生産(穀物、根菜)、家畜(牛、羊、山羊、鶏)、魚類、木材、電力、原油、鉄道、道路、自動車(人口1,000人あたり)、電話台数(100人あたり)、輸送量、政府の経常収入、政府支出、対外資産、国内信用状、貨幣、準貨幣、貿易量、国際収支、対外債務、借入金

4　地域経済―西アジア

西アジア経済社会委員会(Economic and Social Commission for Western Asia: ESCWA)
http://www.escwa.org.lb/

本部はベイルート。ESCWAの前身であるECWA(Economic Commission for Western Asia)は1974年に発足し、社会的活動が顕著になるようにと1985年にESCWAとなりました。年次報告は、経済社会理事会公式記録補遺(ECOSOC OR Suppl)

Statistical abstract of the ESCWA region (E/ESCWA/STAT/1999/9　00.II.L.1)

西アジア各国(バーレーン、エジプト、イラク、ヨルダン、クウェート、レバノン、オマーン、パレスチナ、カタール、サウジアラビア、UAE、シリア、イエメン)の次の統計を収録。

人口(年齢階層別、男女別)、都市人口、人口予測、人口動態統計、経済活動人口、学生生徒数、教師・学校数、教育費、死因別死者数、医療従事者数、病院数、ベッド数、GDP、土地利用、農業生産指数、農業生産(穀物、豆類、米、野菜・果実)、家畜の数、肉・ミルク・卵の生産、漁獲量、農業機械(トラクターなど)、鉱工業生産、鉄道、道路、自動車、航空、電話、観光、貿易、政府支出、マネーサプライ、国際収支、一般物価指数
---

5 地域経済—ラテンアメリカ・カリブ

ラテンアメリカ・カリブ経済委員会(**Economic commission for Latin America and the Caribbean: ECLAC**) http://www.eclac.cl/

本部はサンチャゴ。隔年の報告書が経済社会理事会公式記録補遺(ECOSOC OR Suppl.)にあります。1948年にECLAとして設立され、1984年に現在の名称に変更されました。

Statistical yearbook for Latin America and the Caribbean.

ECLACの域内加盟国(アンチグア・バーブーダ、アルゼンチン、バハマ、バルバドス、ベリーズ、ボリビア、ブラジル、チリ、コロンビア、コスタリカ、キューバ、ドミニカ、エクアドル、エルサルバドル、グラナダ、グアテマラ、ハイチ、ホンジュラス、ジャマイカ、メキシコ、ニカラグア、パナマ、パラグアイ、ペルー、ドミニカ共和国、セントクリストファー・ネイビス、セントルシア、セントビンセント、グレナディーン諸島、スリナム、トリニダード・トバゴ、ウルグアイ、ベネズエラ)の次のデータを収載しています(国によっては記載のないデータもあります)。

第1部	ラテンアメリカ・カリブ諸国の経済社会開発指標
	人口増加率、都市人口、平均余命、経済活動人口、非識字率、学校在籍生徒数、GDP成長率、消費者物価指数、資本形成、対外貿易、外部金融、
第2部	ラテンアメリカ・カリブ諸国の統計シリーズ(おおむね長期統計1980年から)
	人口、国民経済計算、物価指数、国際収支、外部金融、対外貿易、資源、生産、道路、鉄道、航空、雇用、社会状況(病院ベッド数、学校在籍者数、住居)

4章　国際統計

1　国際統計データの索引

Instat: international statistics sources: subject guide to sources of international comparative statistics. Michael C. Fleming and Joseph G. Nellis.　1995 Routledge.

　国連などから刊行されている国際比較統計資料のガイド。テーマごとに、それぞれどの統計資料にデータが掲載されているかが分かるようになっています。

2　統計のための分類

①　ISIC（国際標準産業分類）
International Standard Industrial Classification of All Economic Activities.1990（ST/ESA/STAT/SERM/4/Rev.3　E.90.XVII.11）
②　SITC（国際標準貿易分類）
Standard International Trade Classification. Rev.3　1986（ST/ESA/STAT/SERM/34/Rev.3　E.86.XVII.12） Commodty indexes for the Standard International Trade Classification, Rev.3 v.1-2 1994（ST/ESA/STAT/SERM/38/Rev.2 E.94.XVII.10）
③　CPC（中央商品分類）
Central Product Classification（*CPC*）*version 1.0*（ST/ESA/STAT/SERM/77/Ver 1.0 E.98.XVII.5）1998. 　あらゆる国際統計に使えるよう、財、サービス、無形資産にわたっての分類表。ISIC（SITC）HSとの相関コードあり。
④　ISCO（国際標準職業分類）
ISCO-88: Inernational Standard Classification of Occupations. 1990 International Labour Office. 　ILOによる職業分類。

3 統計のための国名の略称一覧

Standard country or area codes for statistical use. (ST/ESA/STAT/SER.M/49/Rev.4 E.98.XVII.9)

4 おもな統計書の内容

① *Monthly Bulletin of Statistics* 月刊

毎号掲載される(各国の)データ
人口、出生率、死亡率、結婚率、就業者数、労働時間、失業者数・失業率、天然ゴム生産量、鉱工業生産指数、鉱業生産(石炭、亜炭、天然ガス、原油、鉄鉱石、ボーキサイト、銅鉱石、鉛、スズ、亜鉛)工業生産(小麦、綿紡績、綿織物、麻など綿以外の植物系織物、羊毛、羊織物、化学繊維、非セルロース系繊維、新聞印刷用紙、合成ゴム、タイヤ、セメント、銑鉄、鉄鋼、アルミニウム、製錬銅、精錬銅、鉛、スズ、亜鉛)自動車生産、自動車部品、電力、貿易(輸出入総量)、運輸(鉄道輸送、海上輸送)、物価指数(輸出物価指数、消費者物価指数)、金融(為替レート、通貨量、ドル準備高、金準備高、国債、工業株市場価格、公定歩合、短期金利)

掲載される月が決まっているデータ(毎号の目次で確認のこと)
3、6、9、12月号……世界の総人口、世界の農業総生産量(小麦、大麦、トウモロコシ、米、じゃがいも、綿、羊毛、肉、卵、牛乳、コーヒー豆、紅茶、カカオ、タバコ)、世界の鉱工業生産量(指数、商船・自動車生産、ワイン、砂糖、小麦粉)、世界の貿易(輸出入総量、輸出物価指数)、世界の金融(金準備高、ドル準備高、SDR)
2、5、8、11月号……世界の鉱工業生産指数(石炭、原油、金属、軽工業、重工業、食品、織物、服飾、製紙、化学工業、非金属鉱業生産、卑金属工業、金属製品工業)
1、4、7、10月号……各国の造船
3、6、9、12月号……石油製品工業生産(ガソリンなど)
2、5、8、11月号……各国の新規住宅建設(居住用、非居住用)
3、6、9、12月号……各国の外国貿易換算率
6月号……世界の輸出(地域別)
3、6、9、12月号……主要国の工業製品輸出量指数
3、6、9、12月号……主要国の燃料輸入量指数
5月号……品別(分類別)地域別輸出量
2月号……品別(分類別)地域別輸出量(先進国)
1、4、7、10月号……地域別総輸出入量指数
3、6、9、12月号……各国の新規自動車登録台数
1、4、7、10月号……各国の民間航空輸送量(乗客、貨物)
2、5、8、11月号……主要国の製造業雇用者数
2、5、8、11月号……各国の卸売物価指数
3、6、9、12月号……各国各都市の生計費比較(ニューヨーク=100)

② *Statistical Yearbook* 年刊

年によって載っているデータと載っていないデータがあるので、目次と、追加・削除表一覧(Tables added and omitted)で確認したほうがよいです。

人口、人口増加率、出生率、死亡率、面積、人口密度、農業生産指数、鉱工業生産指数、燃料の生産・貿易・消費量、輸出入量指数　男女別人口、都市農村別人口、教師人数、児童・学生数、公的教育支出、男女別非識字率
平均余命、エイズ患者数、食料供給高
新聞・雑誌発行部数、書籍発行部数(UDC分類別、出版言語別)(隔年掲載)テレビ・ラジオ放送、映画館数・観客数、電話
GDP、通貨供給高、公定歩合、市場金利
産業別雇用者数、失業者数、失業率
賃金、生産物物価・卸売物価・消費者物価指数
農業生産高(穀物、根菜、豆、油脂作物、野菜、果物、たばこ、家畜)、漁獲高、トラクター使用台数、肥料
鉱業(ウラニウム、金など)製造業(砂糖、肉、ワイン、ビール、巻たばこ、飲料、織物、皮製履物、材木、紙、ゴム、タイヤ、セメント、石鹸、鉄鋼、アルミニウム、テレビ、商船、自動車、冷蔵庫、洗濯機、トラック)運輸(鉄道輸送量、自動車使用台数、海上運送、民間航空)エネルギー生産量・消費量
CO_2発生量、フロン・ハロン消費量　水質・土地利用(隔年掲載)、特許(申請数・許可数・有効数)科学者・技術者の人数(隔年掲載)研究開発費(隔年掲載)輸出入総額・指数、外国貿易換算率、商品分類別地域別輸出、製造業製品の輸出
観光客数、国際観光支出、国際収支、為替レート、外貨準備高、途上国の対外債務、途上国への資金援助

③ *World statistics pocketbook* 年刊

各国の基本データ(人口、経済指標、社会指標、環境)を1国1ページにコンパクトに収録しています。

④ *Demographic Yearbook* 人口統計年鑑

毎年載るデータと、数年ごとの特集(Special Topic tables)の時だけに載るデータがあるので、目次で確認したほうがよいです。

毎年掲載されるデータ
人口、人口増加率、出生率、死亡率、人口密度、男女別人口、平均余命、男女別年齢別人口、男女別都市別人口、首都および人口10万人以上の都市の人口、出生数、母の年齢別出生数・出生率、死産率、妊娠中絶数、女子の年齢別妊娠中絶数、乳児死亡数・死亡率、妊産婦死亡数・死亡率、男女別年齢別死亡数・死亡率、死因別死亡数・死亡率、男女別平均余命、婚姻数・婚姻率、年齢別婚姻数、離婚数・離婚率
特集のとき掲載されるデータ
人口センサス特集……民族別男女別人口、言語別男女別人口、宗教別男女別人口、州別(都道府県別)人口、識字能力別人口、非識字者数、教育程度別人口
婚姻・離婚統計特集……年齢別初婚率、初再婚別婚姻数、年齢別離婚数、婚姻期間別離婚数、子の人数別離婚数、世帯規模別世帯人数・世帯数、核家族数
死亡統計特集……胎児死亡数・死亡率、幼児死亡数・死亡率、死因別死亡者数、年代別生存率
世帯・家族特集……世帯主の年齢別・男女別・世帯規模別世帯数、世帯主の配偶関係別世帯数、世帯主との続柄別世帯人員数、世帯類型別世帯数

⑤ *International Trade Statistics Yearbook* 国際貿易年鑑

V.1 国別 総輸出入額(長期)、総輸出入指数(長期) 経済カテゴリー分野別輸入および産業別輸出 主要生産国別貿易額、商品別輸出入量・額

V.2 品別 各国の輸出入額

⑥ *World trade annual*. Published by Waleker and Company in cooperation with the United Nations. 年刊

品別国別輸出入量・額を収載。*Supplement to the World trade annual* には国別品別輸出入量・額が収載されます。

⑦ *Energy Statistics Yearbook* エネルギー統計年鑑

商業エネルギーの生産・貿易・消費(石炭・石油・テラジュール換算)
固形燃料の生産・貿易・消費(石炭、コークスなど)
液体燃料の生産・貿易・消費(原油、石油、ガソリン、ジェット燃料、石油製品)
ガス燃料の生産・貿易・消費(天然ガスなど)
電力発電所、電力の生産・貿易・消費
ウラニウムの生産量
エネルギー資源(化石燃料、原子力、水資源)

⑧ *National Accounts Statistics* 国民経済計算

国内総支出(名目、実質)、国内総生産、政府の経常収支、法人の経常収支、家計収支、海外取引、資本取引、部門別GDP、経済活動別GDP、政府の支出内訳(名目、実質)、民間消費支出、総資本形成、固定資産ストック、財・サービスの輸出入、政府勘定、法人勘定、付加価値、総生産、最終消費

⑨ *Industrial Commodity Statistics Yearbook*　鉱工業生産統計

石炭、原油、天然ガス、鉄鉱石、非鉄金属 牛肉、マトン、豚肉、ソーセージ、牛乳、チーズ、バター、マーガリン、アイスクリーム、果物、ジャム、ジュース、野菜、植物油、小麦粉、シリアル、パン、ビスケット、ケーキ、砂糖、チョコレート、コーヒー、ワイン、ビール、ミネラルウォーター、たばこ、羊毛、綿糸、綿織物、絹織物、毛織物、化学繊維、毛布、タオル、くつ下、ストッキング、セーター、カーペット、ジャケット、コート、スーツ、ブラウス、レインコート、下着、皮製品、靴、木材、パルプ、新聞用紙、化学製品、石油製品、ゴム製品、陶磁器、ガラス製品、機械製品、セメント、コンクリート、ラジオ、テレビ、電話、航空機、商船、自動車、トラック、自転車、ピアノ、時計、オルガン、鉛筆・クレヨン、電力、ガス……など約500品目の国別生産量を収録。巻末に製品名の索引あり。

5章　国内の図書館・資料室・代理店

1　国際連合広報センター (http://www.unic.or.jp)
東京都渋谷区神宮前5-53-70　国連大学ビル8階　TEL：03-5467-4451

2　国連寄託図書館
全国に国連寄託図書館が14あり、国連資料を一般に公開しています。

国連寄託図書館と国連広報センター

北　大	北海道大学附属図書館国連寄託図書館	TEL 011-706-2973
東北大	東北大学附属図書館国連寄託図書館	TEL 022-217-5927
国　会	国立国会図書館法律政治・官庁資料室	TEL 03-3581-2331
東　大	東京大学総合図書館国際資料室	TEL 03-5841-2645
広　報センター	連広報センター資料室	TEL 03-5467-4451
中　大	中央大学図書館国際機関資料室	TEL 0426-74-2591
日　大	日本大学国際関係学部国際機関資料室	TEL 0559-80-0860
金　沢	金沢市国連寄託図書館 (金沢市立泉野図書館)	TEL 076-280-2345
愛　知	愛知芸術文化センター愛知県図書館 国連寄託図書館	TEL 052-212-2323
京　都	京都国連寄託図書館 (立命館大学「アカデメイア立命21」内)	TEL 075-465-8107
神戸大	神戸大学国連寄託図書館	TEL 078-803-0386
広　島	広島市国連寄託図書館 (広島市立中央図書館)	TEL 082-222-5542
九　州	九州国連寄託図書館 (福岡市総合図書館)	TEL 092-852-0628
西南大	西南学院大学国連寄託図書館 TEL 092-823-3410	
琉　大	琉球大学附属図書館国連寄託図書館 TEL 098-895-8168	

3 国連出版物販売代理店
紀伊國屋書店、丸善、極東書店、有隣堂(横浜)、日本書籍(大阪)

第2部　国連専門機関資料

6章　国連専門機関

国連専門機関に関する基本文書集
各機関の設立協定文などは、次の図書にまとめて収載されています。
① 『国際機構条約・資料集』(第2版)　東信堂　2002.9
② The United Nations system and its predecessors. v.1 Oxford University Press 1997
③ International Organization and Integration annotated basic documents and descroptive directory of international organizations and arrangements. 2nd ed. II. B.,suppl.to II.B

1　FAO

〈国連食糧農業機関〉
(本部ローマ)

食糧と農林水産物の生産・流通を改善し、飢餓を根絶することを目的としています。

1　基本資料
The State of Food and Agriculture
「世界食糧・農業白書」と呼ばれています。

2 基本統計

① *Production Yearbook*

土地利用
灌漑
・農業従事者人口

・農作物生産量(小麦、米、大麦、トウモロコシ、ライ麦、オート麦、黍、じゃがいも、さつまいも、キャッサバ、タロイモ、えんどう豆、レンズ豆、大豆、ピーナッツ、ひまわりの種、菜種、ごま、ココナッツ、パーム油、キャベツ、アーティチョーク、トマト、カリフラワー、かぼちゃ、きゅうり、なす、たまねぎ、にんにく、グリーンピース、にんじん、すいか、メロン、ぶどう、さとうきび、梨、オレンジ、グレープフルーツ、アボガド、バナナ、いちご、アーモンド、カシューナッツ、コーヒー豆、紅茶、ホップ、たばこ、麻、ジュート、サイザル麻、綿花など)
・家畜の数(馬、牛、豚、鶏、アヒル、七面鳥)
・酪農生産量(牛肉、マトン、豚肉、山羊肉、馬肉、水牛の肉、牛乳、チーズ、バター、エバミルク、コンデンスミルク、卵、絹、羊毛、獣皮、羊皮)
・農業機械

② *Trade Yearbook*

・農業生産物国別輸出入量・額
・トラクター・肥料・農薬国別輸出入量・額
・国別農林水産物輸出入額

③ *Fishery statistics yearbook*

水産品生産・輸出入量・額を収録。

――インターネットで

FAOSTAT: FAO Statistical Databases (http://apps.fao.org/default.htm)

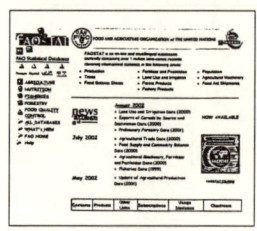

FAOは、ホームページ上で、各種統計データを公開しています。統計の分野は、農業生産・貿易、食糧需給、肥料・農薬、土地利用、灌漑、林業・漁業生産、人口、農業機械、食糧援助など。品目・国・年を選択でき、データはダウンロードすることもできます。

3 日本事務所

国際連合食糧農業機関日本事務所
〒220-0012 横浜市西区みなとみらい1丁目1番1号
パシフィコ横浜 横浜国際協力センター6F
TEL 045-222-1101 URL: http://www.fao.or.jp/

6章 国連専門機関

4 専門図書館
国際食糧農業協会資料室
〒101-0062 東京都千代田区神田駿河台1-2 馬事畜産会館
TEL 03-3294-2425 URL:http://www.fao-kyokai.or.jp/library

5 刊行物販売代理店
丸善、極東書店

コラム

① **コーデックス**

1962年、FAOとWHOは、合同食品規格計画を進めるために、Joint FAO/WHO Codex Alimentarius Commissionを設立しました。コーデックスとは、この委員会から公表された国際食品規格集 *Codex Alimentarius* を指します。1991年より、14巻にわたって刊行されています。

巻	内容	巻	内容
1	一般事項(食品添加物、食品衛生、食品表示)	8	油脂
2	残留農薬	9	魚、水産物
3	家畜飼料中の残留農薬	10	食肉、スープ・肉汁
4	特殊用途食品(乳幼児用食品など)	11	砂糖、ココア、チョコレート
5	冷凍果実・冷凍野菜	12	ミルク、乳製品
6	果物ジュース	13	分析法、サンプリング法
7	穀類	14	許容限度

――インターネットで

刊行済みの *Codex Alimentarius* は、ホームページからダウンロードできます。URLはhttp://www.codexalimentarius.net/standard_list.asp

② **ジェクファーの報告書**

JECFA (Joint FAO/WHO Expert Committee on Food Additives) (FAOとWHO合同の食品添加物専門委員会)のレポートは、FAO food and nutrition paper, FAO nutrition meeting paper series, WHO technical report series, WHO food additives seriesなどのシリーズで刊行されています。

2　世界銀行グループ

　　　　　　　　　　　　　ＩＢＲＤ〈国際復興開発銀行〉
　　　　　　　　　　　　　ＩＤＡ〈国際開発協会〉
　　　　　　　　　　　　　ＩＦＣ〈国際金融公社〉
　　　　　　　　　　　　　ＭＩＧＡ〈多数国間投資保障機関〉
　　　　　　　　　　　　　（本部ワシントンＤ．Ｃ．）

1　広報誌
① *World Bank News*
② 『月刊世界銀行ニュース』世界銀行東京事務所刊

2　資料検索ツール
Index of Publications & Guide to Information Products and Services Publications Update

　　──インターネットで

　The World Bank Group Publications (http://publications.worldbank.org/ecommerce/) で、世界銀行グループの刊行物が検索できます。

3　基本資料・報告書
① *World Bank Annual Report*.
② *World Development Report*.　世界開発報告
③ *World Debt Tables*. (*Global Development Finance* と改題) 世界債務白書
④ *World Population Projections*.　世界人口長期推計

4　基本統計
① *World Bank Atlas*.　以下の指標の一覧(地図、グラフもあり)

> 人口、人口増加率、平均余命、幼児死亡率、栄養不良児、女子初等教育就学率、女子労働力、水使用量、森林面積、エネルギー使用量、CO_2排出量、GNP、インフレ率、農業・投資のGDPに占める割合、対外債務、民間投資、軍事支出、電力消費量、電話線・パソコン普及率、民間資本フロー、海外直接投資、国際観光

② *World Development Indicators.* 世界開発統計

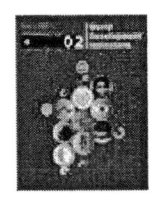

> 人口密度、ひとりあたりのGNP、幼児死亡率、65才以上人口比率、死亡率、出生率、人口増加率、労働力人口、貧困線以下の人口、ジニ係数、教育への公共支出、就学率、女性教師・生徒の割合、保健医療支出、医師数（人口1000人あたり）、麻疹・DPTの予防接種率、未熟児、HIV感染者の割合、喫煙率、たばこ消費量、成人死亡率、母性死亡率、国土面積、国土利用、森林面積、生物の種、淡水使用量、エネルギー生産、電力生産、工業プロセスからの二酸化炭素排出量、都市人口、自動車保有、道路交通量、車1000台あたりの死傷者数、大気汚染、農業生産、食料生産、輸出入増加率、商品輸出入構造、サービス輸出入構造、民間消費、政府消費、政府財政、マネーサプライ、国際収支、対外債務、株式市場、為替レート、平均関税率、輸出競争力、租税、電話回線、道路鉄道航空輸送、新聞紙数、ラジオ・テレビ・携帯電話・FAX・パソコン・インターネットホスト（人口1000人あたり）

5 　専門図書館

　　世界銀行東京事務所情報公開センター（PIC）
　　　　〒100-0011　東京都千代田区内幸町2-2-2　富国生命ビル10階
　　　　TEL：03-3597-6650　　FAX：03-3597-6695
　　　　URL：http://www.worldbank.or.jp/04data/01pic/pic_top.html

6 　刊行物販売代理店

　　イースタンブックサービス
　　　　〒113-8480 東京都文京区本郷3-3-13
　　　　TEL：03-3818-0861　　FAX：03-3818-0864
　　　　URL：http://www.svt-ebs.co.jp/

コラム　ブレドンウッズ会議の記録

　連合国通貨金融会議。記録は次の資料にまとめられています。

Proceedings and documents of United Nations Monetary and Financial Conference, Bretton Woods, New Hampshere. July 1-22, 1994. (Dept.of State Publications 2866) US.Government Printing Office.1948.

3　ICAO

〈国際民間航空機関〉
（本部　モントリオール）

　ICAOは、国際民間航空の安全を図り、民間航空が健全かつ経済的に運営されるように、各国の協力を図ることを目的としています。

1　広報誌
ICAO Journal.（月刊）

2　資料検索ツール
ICAO Publications and Audio-Visual Training aids Catalogue.

3　基本資料・解説書
① Annual report of the Council.
② The World of Civil Aviation.
③ 『ICAO概論』　航空交通管制協会刊
④ Air Craft Accident Digest.

4　基本統計（統計プログラム）
　ICAO統計報告システムにより、各国は自国の航空会社や空港に関する統計を定期的にICAO事務局に報告しています。ICAOはこれらを、*Digest of Statistics Series*として刊行しています。

①	航空輸送量統計	Traffic: commercial air carriers. Series T
②	発着地別輸送量統計	On-flight origin destination. Series OFOD
③	都市間輸送量統計	Traffic by flight stage. Series TF
④	使用航空機及び従業員統計	Fleet-personnel. Series FP
⑤	財務統計	Financial data: commercial carriers. Series F
⑥	航空機事故調査統計 ジェネラル・エビエイション統計 パイロット免許統計	Civil aviation statistics of the world.
⑦	登録航空機統計	Civil aviation on register. Series R
⑧	空港交通量統計	Airport traffic. Series A.
⑨	空港財務統計 航空路施設財務統計 航空路交通量統計	Airport and route facilities: financial data and summary traffic data. Series AF

5 刊行物販売代理店

航空振興財団

〒105-0001　東京都港区虎ノ門1-15-12
TEL：03-3502-0561　FAX：03-3503-2689
URL：http://plaza6.mbn.or.jp/-jcapf/

コラム　ICAO条約のアネックス

国際民間航空条約の附属書(Annex to the Convention on International Civil Aviation)のこと。国際民間航空条約に基づく国際標準・勧告方式。テーマごとにAnnexの何番、何巻、と発行され、さらにそれぞれの改訂版、補遺(supplement)、変更(Amend)が出されています。

Annex 1	Personnel Licensing〈航空従業者技能証明〉
Annex 2	Rules of the Air〈航空規則〉
Annex 3	Meteorology〈気象〉
Annex 4	Aeronautical Charts〈航空図〉
Annex 5	Unit of Measurement to be used in Air-Ground Communications〈空域通信に使用される計測単位〉
Annex 6	Operation of Aircraft〈航空機の運航〉 　i　国際商業航空輸送 　ii　国際ゼネラルエヴィイション 　iii　国際ヘリコプター運航事業
Annex 7	Aircraft Nationality〈航空機の国籍〉
Annex 8	Airworthiness of Aircraft〈航空機の耐空性〉
Annex 9	Facilitation〈出入国の簡易化〉
Annex 10	Aeronautical Telecommunication〈航空通信〉 　i　施設、システム及び周波数 　ii　通信方式
Annex 11	Air Traffic Service〈航空交通〉
Annex 12	Search and Rescue Service〈捜索救難業務〉
Annex 13	Aircraft Accident Investigation〈航空機事故調査〉
Annex 14	Aerodrome〈飛行場〉 　i　飛行場計画及び運用 　ii　ヘリポート
Annex 15	Aeronautical Information Service〈航空情報〉
Annex 16	Environmental Protection〈環境保護〉 　i　航空機騒音 　ii　航空機エンジン排ガス
Annex 17	Security〈安全保障(ハイジャック等の防止)〉
Annex 18	Safe Transport of Dangerous Goods by Air〈航空による危険物の安全輸送〉

4　IFAD

〈国際農業開発基金〉
（本部　ローマ）

途上国の低所得者層が、食糧を増産して栄養状態を良くできるように、資金を低金利で貸し付けることを目的としています。

1　基本資料
Annual report.

5　ILO

〈国際労働機関〉
（本部　ジュネーブ）

全世界の働く人々の労働条件・生活条件改善のため、国際的な労働基準を定めています。

1　広報誌
① *World of work.*
② 『ILOジャーナル』ILO日本支局刊

2　公報誌
① *Official Bulletin Ser.A*
　理事会の報告、総会・産業別委員会・地域別会議の決議や勧告
② *Official Bulletin Ser.B*
　理事会の結社の自由委員会の報告

3 資料検索ツール

① *International Labour Documentation.*
   ILO刊行物以外の労働関係文献も含む
② LABORDOC (CD-ROM)
   過去30年間の労働・雇用分野の文献に関するリーディング・データベース（ILO刊行物を含む）。2002年末よりインターネットで公開開始。URLは、http://labordoc.ilo.org/

　　──インターネットで

　　ILODOC: ILO Publications & documents (http://ilis.ilo.org/ilis/engl/ilodoc)
   ILO図書館の所蔵目録（1965年以降）。

4 基本資料

① *Report of the Director-General: activities of the ILO.*
② *World Labour Report.* （図版）
③ *International Labour Conventions and Recommendations 1919-1945.*

　　──インターネットで

　　ILOLEX（http://ilolex.ilo.ch:1567/english/index.htm）
   ILO条約・勧告、条約の批准状況、条約勧告適用専門委員会、総会基準適用委員会、結社の自由委員会、申し立て・苦情審査委員会の報告書

　　NATLEX（http://natlex.ilo.org/natlexnewfaceE.htm）
   労働、社会保障に関する各国法のデータベース（法律名、制定日がわかる）。全文が収録されている法律もあります（英もしくは仏・西語）。

5 基本統計

① *Yearbook of Labour Statistics.*

性別年齢別就業人口、産業別雇用形態別雇用者数、年齢別産業別失業者数、労働時間、賃金、労働コスト、消費者物価指数、労働災害、労働争議・ストライキ件数

②　Source and Methods
　　Yearbook of Labour Statisticsの各国データの典拠を収載。
③　Bulletin of the Labour Statistics.

6　日本事務所
ILO東京支局
　　　〒150-0001　東京都渋谷区神宮前5-53-70　国連大学本部ビル8階
　　　　TEL：03-5467-2701　FAX：03-5467-2700
　　　　URL：http://www.ilo.org/public/japanese/region/asro/tokyo/

7　刊行物販売代理店
紀伊國屋書店、丸善

コラム

①　ILO条約の各国の批准状況
　　ILO総会のレポートⅢのpt.2 (またはpt.5)にList of Ratifications by Convention and by Country が発表されます。

②　Cost of Social Security
　　3年ごとに刊行される社会保障費用についての国際比較統計資料。各国に依頼したアンケート調査結果が掲載されています。

6　IMF

〈国際通貨基金〉
（本部ワシントンD.C.）

　国際通貨問題に関する話し合いの場を提供すること、為替を安定させ、秩序を保つといった目的があります。

1　広報誌

IMF survey.

2　検索ツール

① *International Monetary Fund Publications Catalogue.*
② *New Publications of International Monetary Fund.*

3　基本資料

Annual report of the Executive Board.

　また『国際金融年報』（財務省刊）に、IMFの活動、加盟国の割当額、IMF暫定委員会コミュニケの仮訳が掲載されています。

4　基本統計

① *International Financial Statistics* 略称IFS　年刊

為替レート、資金勘定、国際通貨準備高、金準備高、通貨・準通貨、公定歩合、卸売物価指数、貿易指数、国際収支、GDP、商品価格（アルミニウム、バナナ、牛肉、バター、石油、コーヒーなど約50品目）

② *Government Financial Statistics* 略称GFS　年刊

国家収入、経常収入、税収（個人税、法人税）、社会保障負担（社会保険）、消費税、輸出入関税、企業所得、財産所得、行政上の管理収入、罰金収入、没収収入、社会福祉基金への政府支出、国債売上高、土地・無形資産売上高、補助金　財政支出（防衛費、医療・社会福祉、エネルギー・農業政策、産業・運輸・通信など）、資本支出、資本移動、融資、国家債務、地方財政

③ Direction of Trade Yearbook
　各国間の輸出入額を収録。
④ Balance of Payments Statistics

国際収支、経常勘定　財・サービス・収益（輸出入、運輸、観光ほか）、無償移転、資本勘定　直接投資、証券投資、準備資産（金、ＳＤＲ、ＩＭＦのリザーブポジション）

⑤ World Economic Outlook　（年2回刊　5月と10月）
　世界経済見通し。また、「IMF世界経済見通しの概要について」が『財務省調査月報』に発表されます。

5　国内の事務所

国際通貨基金アジア太平洋地域事務所
　　〒100-0011　東京都千代田区内幸町2-2-2　富国生命ビル21階
　　　　TEL：03-3597-6700　FAX：03-3597-6705

6　刊行物販売代理店

極東書店、トッパン

コラム　IMFの研究成果類（モノグラフ、ワーキングペーパー）

　IMFによる各国の経済・財政に関する研究成果は次のようなタイトルで刊行されています。

① *IMF working paper.*（図版）
② *IMF Paper on Policy Analysis and Assessment (PPAA), Policy Discussion Papers (PDP).*
③ *Occasional paper series.*
④ *IMF Staff papers.*
⑤ *Staff Country Reports.*

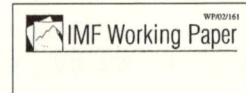

7　IMO

〈国際海事機関〉
（本部　ロンドン）

　海上の安全を守り、海運の発展・船舶による貿易に関する情報交換の場を提供することを目的としています。

1　広報誌
IMO news.

2　基本資料
Resolutions of the Assembly and other decisions.

3　関連する図書館
海事産業研究所海事資料センター
　〒102-0093　東京都千代田区平河町2-6-4 海運ビル9階
　　TEL：03-3265-5253　FAX：03-3265-5035
　　URL：http://www.jamri.or.jp/index.html

4　刊行物販売代理店
第一洋書　東京都千代田区神田神保町2-12　03-3262-4693
コーンズ　神奈川県横浜市中区山下町273山下町ビル8F　045-650-1380

コラム　IMDGコード

　International Maritime Dangerous Goods Code. 危険物を海上輸送するときのIMO国際規約のこと。

8 ITU

〈国際電気通信連合〉
（本部　ジュネーブ）

　電話やインターネットなど、電気通信の発達と各国の電気通信政策の調和を図ることを目的としています。途上国に対する技術援助もしています。

1 広報誌

ITU News.
　同誌は、1999年からはインターネットで公開されています。
(http://www.itu.int/itunews/issue/index.)

2 基本資料・基本統計

World Telecommunication Development Report. 通称 ITU Report
世界各国の電気通信分野についての報告。巻末にWorld Telecommunication indicators があります。その収録内容は以下の通り。

> 各国の電話回線、世界の主要都市の電話回線、電話の積滞、市内電話、公衆電話、電話料金（各国、国際電話）、移動電話、記録通信（ファクシミリ、テレックス）、ISDN、電気通信への投資、機器の貿易、インターネットホスト、ユーザー数、テレビ台数、世界のPTP（電話会社、電話通信事業者）トップ50

3 専門図書館

日本ITU協会
　　　〒101-0044　東京都千代田区鍛冶町1-8-6　神田KSビル3階
　　　　　TEL：03-5207-5711　FAX：03-5207-5731
　　　　　URL：http://www.ituaj.jp/

コラム　ITU-Tのホワイトブック
→ITUの電気通信標準化部門ITU-T（旧・国際電信電話諮問委員会（CCITT））の勧告集のこと。日本ITU協会から翻訳刊行されています。

9 UNESCO

〈国連教育科学文化機関〉
(本部　パリ)

　教育科学文化を通じて、世界の平和と安全に寄与することを目的としています。文化の面では、文化遺産の保護に重点をおき、世界遺産リストへの登録を行っています。

1　広報誌
① *The UNESCO Courier.*
② *UNESCO Sources.*

2　資料検索ツール
UNESCO list of documents and publications.
　書名・人名・件名索引あり

──インターネットで
UNESBIB: bibliographic records of UNESCO documents, publications and library collections
(http://unesdoc.unesco.org/ulis/unesbib.html)

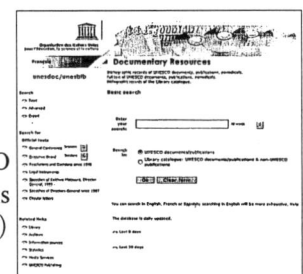

3　基本資料
① *Report of the Director-General.*
② *Resolutions/decisions UNESCO 1987-1997.* (CD-ROM)
　総会決議・執行理事会決定の全文
③ *UNESCO's Standard-Setting Instruments.*
④ *World Education Report.*　世界教育白書
⑤ *World Science Report.*　世界科学白書
⑥ *World Communication and Information Report.*　世界コミュニケーション・情報白書

――インターネットで

UNESCO legal instruments（http://www.unesco.org/general/legal）

　ユネスコ憲章、総会で採択された宣言・勧告、1946年からのユネスコ決議などを見ることができます。

4　基本統計

Statistical Yearbook.

教育制度　非識字率　初等中等教育学校数・教員数・児童生徒数、大学(高等教育)教員数・学生数、専攻分野別在学者数、卒業者数、留学生数、教育費、科学者・技術者数、研究開発費、図書出版数、図書館数・利用者数、新聞・雑誌発行部数、映画館数・観客数、映画製作数、ラジオ・テレビ受信機数・番組数

5　ユネスコ国内委員会

〒100-8959　東京都千代田区霞ヶ関3-2-2　文部科学省内
TEL：03-3581-4111(代)
URL：http://www.mext.go.jp/unesco/

6　アジア地域に関する専門図書館

ユネスコアジア文化センター

〒162-8484　東京都新宿区袋町6　日本出版会館内
TEL：03-3269-4435
URL：http://www.accu.or.jp/

7　刊行物販売代理店

イースタンブックサービス

〒113-8480　東京都文京区本郷3-3-13
TEL：03-3818-0861
URL：http://www.svt-ebs.co.jp/

> **コラム** ユネスコの宣言から
> ① ベオグラード憲章
> 　The Belgrade Charter. 環境教育に関する憲章で、1975年10月ベオグラードでの国際環境教育ワークショップで採択されたもの。*Connect 1976. Jan. v.1 no.1* に全文が載っています。
> ② ヒトゲノムと人権に関するユネスコ世界宣言
> 　Universal Declaration on the Human Genome and Human Rights. 1997年11月、第29回ユネスコ総会にて採択された決議。
> 　*Records of the General Conference. 29th session v.1 Resolutions* に収録されています。また、UNESCO Legal instruments（http://www.unesco.org/general/legal）のResolutionsからもPDF形式で見ることができます。

10　UNIDO

〈国連工業開発機関〉
（本部ウィーン）

　途上国の工業化の促進を目的として、技術協力・投資促進などの援助をしています。

1　検索ツール
Document list.

2　基本資料
Annual report.

3　基本統計
① *Industry and Development Global Report.*
② *International Yearbook of Industrial Statistics.*
　各国の鉱工業生産指数(事業所数、従業員数、賃金、生産額、鉱工業生産指数)を収録。

4　国内の事務所

国際連合工業開発機関東京投資促進事務所
　　　〒107-0062　東京都港区南青山1-1-1　新青山ビル西館16階
　　　TEL：03-3402-9341

11　UPU

〈万国郵便連合〉
（本部　スイスのベルン）

　手紙やはがき、印刷物の郵送料金や最大・最小重量などを決め、世界中どの国に宛てた郵便でも、国内郵便と同じように届くようにするのが目的です。

1　広報誌
Union Postale（季刊）

2　基本統計
Postal statistics

6章　国連専門機関　131

12　WHO

〈世界保健機関〉
（本部　ジュネーブ）

世界中の人々ができるだけよい健康水準に到達することを目的に活動しています。

1　広報誌
① *Bulletin of the World Health Organization.*
② *World Health.*
③ *World Health Forum.*

2　資料検索ツール
① *World Health Organization Publications Catalogue 1947-1979.*
　著者名・件名索引あり（書名索引なし）
② *World Health Organization Publications Catalogue 1948-1989.*
　本文は書名順に並んでいます。シリーズ名索引、件名索引で書名を確認してから、本文の書名順リストにあたる、という構成になっています。
③ *World Health Organization Publications Catalogue New Books.*
　著者名・書名・シリーズ名索引あり
④ *WHO DOC: current bibliography of WHO documentation.*

　──インターネットで
　Library & Information Networks for Knowledge（http://www.who.int/library/database/index.）
　WHOLIS（WHO本部図書館の所蔵目録）と *WHO DOC: current bibliography of WHO documentation* が検索できます。

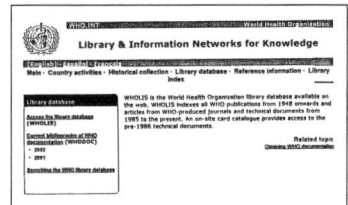

3 基本資料

① *The Work of WHO.*
② *WHO Official Record* No.1-No.250（1947-1979）
③ *World Health Report* 1995-
   World Health Report の1996・1997年版の翻訳が刊行されています。『21世紀・健康・世界　世界保健報告』WHO編纂　川端眞人・内山三郎監訳・監修　英伝社　1998
④ *Executive Boards, resolutions & decisions.*
⑤ *World Health Assembly, resolutions & decisions.*

4 基本統計

① *World Health Statistics Annual.*

死因別性別年齢別死者数（自殺者数、交通事故死者数もわかる）幼児死亡率、年代別余命、年代別生存率、年代別死亡率

ただし、報告のあった国のデータを載せているだけなので、各国の同年のデータが揃うわけではありません。〈例：1995年版には、日本は1994年の数値、アメリカは、1992年の数値、アルメニアは1987年の数値〉

② *Weekly Epidemiological Record.*
世界の感染症、伝染病に関する報告・統計

――インターネットで

WHO Statistical Information System: WHOSIS
(http://www3.who.int/whosis/menu.cfm)

健康、疫病、死因などに関するWHO基本統計のインターネット版。

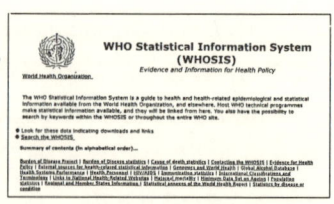

また、②のWeekly Epidemiological Recordを翻訳・紹介しているページもあります。神戸大学医学部保健学科(http://wer.ams.kobe-u.ac.jp)

5 国内の研究センター

世界保健機関健康開発総合研究センター

　　〒651-0073　神戸市中央区脇浜海岸通1-5-1　I.H.D.センタービル9階
　　　TEL：078-230-3100
　　　URL：http://www.who.or.jp/indexj.html

6 関連する資料センター

国立保健医療科学院研究情報センター（仮称）
埼玉県和光市南2-3-6
TEL：048-458-6111

7 販売代理店

丸善。または日本学術振興会でユネスコクーポンを入手し、直接WHO本部に申し込めます。

コラム　WHOの刊行物から

① 世界のエイズ患者数
　*Weekly Eidemiological Record*の1月号と7月号に載っています。

② ICD-10
　*International Statistical Classification of Diseases and Related Health Problems*の第10版のこと。

③ 外国で必要な予防接種
　*International Travel and Health*に収載されています。

④ 各国の衛生関係の法律
　International digest of health legislation（季刊）に、法律の本文または概要が掲載されています。

⑤ 飲料水の水質に関するガイドライン
　Guidelines for drinking-water quality. 1993-(2nd.ed.)　v.1-3

⑥ WHOが出した鍼のツボの解説書
　Standard acupuncture nomenclature: a brief explanation of 361 classical acupuncture point names and their multilingal comparative list. 2nd ed. 1993

⑦ WHO GMP
　WHOによる医薬品の製造および品質管理に関する基準。1994年に改正されました。
　基準のテキストは*WHO technical report series.* no.823およびno.834, no.

863にあります。日本語訳は『WHO GMP 第3版』薬事時報社 1998

⑧　WHOとユニセフの共同声明「母乳栄養成功のための10か条」
　　共同声明のガイドブックは、*Protecting, promoting and supporting breast-feeding: the special role of maternity services: a joint WHO/UNICEF statement.* 1989. 日本語訳は、『母乳育児の保護、推進、支援―母乳育児成功のために』日本母乳の会運営委員会 1999

⑨　WHOが定めた必須医薬品リスト
　　The use of essential drugs: 9th report of the WHO Expert Committee including the revised model list of essential drugs. 2000（WHO technical report series 895）日本語版は、『世界のエッセンシャルドラッグ』浜六郎・別府宏圀訳　三省堂 2000

13　WIPO

〈世界知的所有権機関〉
（本部ジュネーブ）

　全世界の知的所有権の保護を促進し、技術移転や芸術の普及を容易にすることを目的としています。知的所有権には、特許や商標などの工業所有権と、版権（文学・音楽・芸術作品などに関する権利）の2分野があります。

1　広報誌・基本資料

①　*WIPO magazine*
②　*Laws and Treaties*

　②は①の付録として刊行されています。Copyright and Neighboring Rights: Laws and Treaties（著作権、著作隣接権の各国の法律、条約の本文）と Industrial property Law and Treaties（工業所有権に関する各国の法律・条約の本文）があります。

　──インターネットで
　Collection of Laws for Electronic Access（CLEA）(http://clea.wipo.int/clea/)

各国の知的所有権に関する法のデータベース。

③　*Contracting parties or signators to treaties*

③も①の付録として年に1回発行されます。

収録内容は、WIPOによる条約の締結国または署名国一覧。総会構成国・締約国一覧(総会及びWIPO締約国会議、WIPO調整委員会、パリ同盟、ベルヌ同盟、マドリッド同盟(商標)、ニース同盟、リスボン同盟、ロカルノ同盟、PCT同盟、IPC同盟、ウィーン同盟、ブダペスト同盟)、植物新品種保護国際条約(UPOV条約)締約国一覧

2　基本統計

①　*Industrial Property Statistics: publication A*

工業所有権全般に関する統計

──インターネットで

最新データがWIPO Industrial Property Annual Statistics (http://www.wipo.int/ipsts)で公開されています。

②　*Industrial Property Statistics: publication B*

申請数、登録数、有効数、審判請求数

pt.1 特許　pt.2 商標・意匠

──インターネットで

WIPO Industrial Property Annual Statistics (http://www.wipo.int/ipsts)で公開されているデータもあります。

コラム　WIPOに国際登録されている工業意匠(デザイン)

*International Designs Bulletin*に登録番号順に掲載されています。デザインのオーナー別年間索引が、翌年のある号(決まっていない)の付録として出されます。

14　WMO

〈世界気象機関〉
(本部ジュネーブ)

気象観測網の確立について、世界的な協力を促すことを目的としています。

1　広報誌
WMO Bulletin.

2　専門図書館
気象庁図書館
　　〒100-8122　東京都千代田区大手町1-3-4
　　　TEL：03-3212-8341
　　　URL：http://www.kishou.go.jp/intro/tosho_index.html

コラム　世界各地の気象データ

　WMOとアメリカ商務省共同で、毎月、世界各地の観測地の気圧・気温・日照時間などを発表しています。
　Monthly climatic data for the world.　GPOマイクロフィッシュ
　SuDoc　ナンバーC55.211：

7章　国連関係自治機関

IAEA

〈国際原子力機関〉
（本部ウィーン）

　原子力の発展を促し、また原子力への援助が軍事目的を助長しないようにすることが、IAEAの大きな役割です。

1　広報誌
IAEA bulletin

2　基本資料
① *IAEA Yearbook*（1996年で休刊）
② *Highrights of activities*
③ *Annual report of IAEA*

3　国内の事務所
国際原子力機関東京地域事務所
　〒102-0072　東京都千代田区飯田橋1-5-9　精文館ビル9階
　　　TEL　03-3234-7186

4　刊行物販売代理店
丸善

コラム　イニスレポート

　INISとはInternational Nuclear Information System（国際原子力情報システム）の略。イニスレポート（INIS report）とはIAEA加盟国の原子力に関する技術レポートのことを指します。URL:http://www.iaea.or.at/programmes/inis/index.html

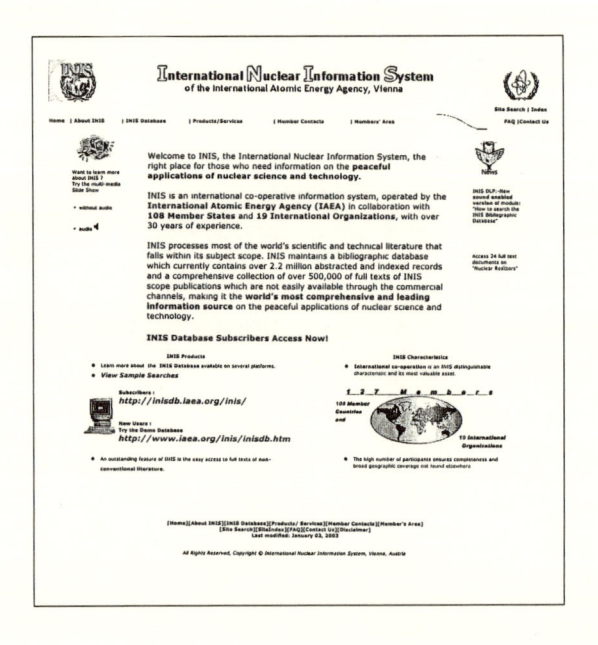

8章　国連関係政府機関

GATT/WTO
〈関税と貿易に関する一般協定締約国団・世界貿易機関〉
（本部ジュネーブ）

WTOは、1995年1月にGATTに代わって、国際貿易を監督する世界機関として発足しました。

1　広報誌
GATT focus, WTO focus

2　基本資料・解説書
① 『ガットの全貌』日本関税協会刊　1993
② 『解説WTO協定』日本国際問題研究所刊　1996
③ 『WTOとガット：コンメンタールガット1994』日本関税協会刊　1997
④ 『国際経済条約・法令集』東信堂　2002
⑤ *Trade policy review*
　　WTOには貿易政策検討制度があり、国ごとに貿易政策・貿易措置についてまとめたもの。
⑥ *Basic Instruments and Selected Documents supplement*
　　通称BISD/S。GATT, WTOの決定、決議、勧告、報告を収載。

⑦ *World Trade Organization Annual Report.*

3　刊行物販売代理店

　　ジプロ㈱　東京都練馬区貫井2-1-15　TEL　03-3999-3177

コラム

① ハヴァナ憲章（ITO憲章）

貿易と雇用に関する国際会議で採択されたもの。UNDoc E/CONF.2/85

② パネル（紛争処理小委員会）、上級委員会のレポート

WTO Dispute Settlement Decisions: Bernan's annotated reporter. v.1-5 には、1995年以降のパネル・上訴判決の全文が収録されています。

——インターネットで

Dispute settlement: list of Panel and Appellate Body reports (http://www.wto.org/english/tratop_e/dispu_e/distabase_e.htm) から、ダウンロードできるレポートもあります。

第3部　ヨーロッパの国際機関

9章　欧州連合

はじめに

「欧州連合(EU)は、平和を守り経済と社会の進歩を促進するために結束した15の加盟国から成り、共通の機関を有する欧州の3つの共同体を合体したものです。まず、欧州石炭鉄鋼共同体(ECSC)が1951年に締結されたパリ条約によって創設され、それに続いて欧州経済共同体(EEC)と欧州原子力共同体(ユーラトム)が1957年のローマ条約によって設立されました。1986年の単一欧州議定書の下で3つの共同体は全ての域内国境を徐々に廃止し、ついには単一市場を完成させました。そして、1992年にマーストリヒトで調印された欧州連合条約により、特定の分野で政府間協力を図りつつ経済通貨同盟を目指す欧州連合を誕生させたのです。」

(『欧州連合(EU)の機構』駐日欧州委員会代表部広報部(1996.4)より)

1　第一次法と第二次法

パリ条約、ローマ条約、単一欧州議定書、マーストリヒト条約、アムステルダム条約などは、EUの構造を決める基本的な条約で、国家でいえば憲法にあたります。EUの第一次法とは、こうした基本的条約と加盟国間の条約、EUと第三国・国際機関との条約を指します。EUの第二次法としては、加盟国に直接適用される規則(Regulations)、実施方法は各加盟国に任される指令

(Directive)、特定の国・人にのみ適用される決定(Decisions)、法的拘束はないが、行為を期待する勧告(Recommendations)の4つがあります。

2　EUの機構

1　欧州委員会(European Commission)
EUの「政府」にあたります。EUの政策決定の土台を形成し、EU法の法案を提案します。

2　閣僚理事会(Council of Ministers)
EUの立法府に相当します。欧州委員会の提案を審議し、欧州連合としての意志を決定します。閣僚理事会は、各国の担当大臣で構成され、外務大臣による外相理事会、環境問題を担当する環境相理事会などがあります。閣僚理事会の議事の準備をするのが、常駐代表委員会(COmité des REprésentants PERmanents: COREPER)で、加盟国のEU大使によって構成されています。

3　欧州理事会(European Council)
EUサミットとも呼ばれ、加盟国の首脳が会します。閣僚理事会では合意しきれなかった問題について政治的判断を下します。

4　欧州議会(European Parliament)
国民による直接選挙で選出された議員で構成されますが、EUの場合、立法府は閣僚理事会であり、欧州議会の役目は欧州委員会と閣僚理事会の見張り役といえます。理事会から諮問を受けたり、欧州委員会と理事会に質問をしたりします。

5　欧州裁判所と第一審裁判所(The Court of Justice and the Court of First Instance)
欧州裁判所は、EU加盟国が基本的条約上の義務を果たしているか司法的

判断を下し、EU法の解釈や妥当性について判決を下します。第一審裁判所は個人と法人によって持ち込まれる訴訟を扱います。

6　会計検査院（Court of Auditors）

EUの予算・運営を監査します。

7　経済社会評議会（Economic and Social Committee）と地域評議会（Committee of the Regions）

加盟国の雇用者・労働者・その他利益代表グループ（農民、教育関係者、消費者など）を代表する評議員によって構成されるのが経済社会評議会、自治体や地域当局を代表する委員で構成されるのが地域評議会です。どちらもEU法案に対する諮問機関です。

8　その他の機関

欧州中央銀行、欧州環境庁、欧州刑事警察機構（ユーロポール）、欧州麻薬監視センター、欧州職業訓練開発センター（CEDEFOP）などがあります。

3　EU法制定までの資料

EU法（第二次法）の制定には、欧州委員会、欧州議会、経済社会評議会、地域評議会、閣僚理事会の5つの機関が関わります。各機関の意見や決定は各々のDocuments（文書）やOfficial Journal（EUの官報）に発表されます。

1　欧州委員会

EUの政策方針、EU法の法案（proposal）を作成します。政策方針はホワイトペーパー、グリーンペーパー、アジェンダといったタイトルで発表され、広くヨーロッパ市民に委員会の方針を知らしめるものです。政策方針と法案は、COM

COMドキュメント

Document(コムドキュメント)という文書に掲載されます。COM Documentには番号がついており、たとえばCOM(92)247は、1992年247番目のCOM Documentです。COM Documentのうち約80％ほどを占める法案はEUのOfficial Journal(官報)のCシリーズでも発表されます。

また、欧州委員会の内部文書としてSEC Documentsという文書シリーズもありますが、原則非公開となっています。

2 欧州議会

欧州委員会から出された法案について欧州議会で討議するためのレポートは、議会のSession Document Aシリーズという文書に掲載されます。たとえばA3-64/93は、Aシリーズ第3議会期(1989年7月から1994年6月)の64番1993年のSession Documentsだということを示します。欧州議会の法案に対する意見はOfficial Journal Cシリーズ、議会の審議(Debates)は、Official Journal Annex(官報附録)に発表されます。

―――インターネットで

1998年以降の議会のドキュメントは、EUROPAL Legislative dossiers(http://www.europal.eu.intr/dors/oeil/)で検索することができます。

また2000年以降の議会議事録は、インターネットのみでの発表となりました。(http://www.europal.eu.int/plenary)

3 経済社会評議会と地域評議会

法案が経済社会評議会に諮問されると、評議会の意見(Opinion)はCES Documentsに掲載されます。CES DocumentsにはCES345/93というような文書番号がついています。また、意見はOfficial Journal Cシリーズでも発表されます。同様に、法案が地域評議会に諮問されると、その意見はCdR Documentsに掲載され、Official Journal Cシリーズにも発表されます。

4 閣僚理事会

　欧州委員会提出の法案について、閣僚理事会で第一読会を開きます。第一読会の結論は「共通の立場(Common Position)」といい、1994年から Official Journal C シリーズに発表されています。最終的に、閣僚理事会は、欧州議会、経済社会評議会、地域評議会の意見をふまえて、欧州委員会提出の法案をEU法として制定します。EU法のうち、法的拘束力のある規則・指令・決定は、Official Journal Lシリーズ（LはLegislationのL）、勧告はOfficial JournalのCシリーズに発表されます。

4　EU文書、EU法の探し方

　欧州委員会のCOM Documents final（最終版）、欧州議会のSession Documents（PE Documentsともいいます）Aシリーズ、経済社会評議会のCES Documentsについては、*Documents*という索引が、年刊、月刊で発行されています。年刊版では、主題、キーワード、文書番号から検索できます。

　Official Journalの索引も月刊と年刊で発行されており、キーワード、法令番号から検索することができます。現行のEU法索引としては、*Directory of Community Legislation in force and other acts of the Community Institutions* が発行されており（v.1.v2 の分冊刊行）、v.1は主題分野から、v.2では法令番号とキーワードから検索できます。効力のある第二次法などのタイトル、Official Journalへの参照、修正法令への参照が載っています。

―インターネットで

　*Directory of Community Legislation in force and other acts of the Community Institutions*のインターネット版もあります。URLは、http://www.europa.eu.int/eur-lex/en/lif/index.html。

　Analytical structure（分野別）と Alphabetical index（キーワード）から検索できます。

また、インターネットのEUR-LEXのページで、近年のOfficial Journal全文を無料でみることができます (http://europa.eu.int /eur-lex/index.html)。

さらに、オンラインのEU法全文データベースとして、CELEXというシステムがあります。国内のEU資料センター(第3部9章9節)で、CELEXを使えるところもあります。

コラム　EU法の法令番号

EU法のオンラインデータベースCELEXおよびCELEXにもとづく現行法令索引 *Directory of Community Lefislation in force and other acts of the Community Institutions* では、次のような法令番号を各法令に付けています。

例　31999D0859

最初の数字(この例では3)は、EU法の種類を示します。1がTreaties(条約)、2がExternal relations(対外関係)、3がSecondary legislation(第二次法)、4がSupplementary legislation(補遺的な法)、5がPreparatory documents(準備文書)、6がCase law(判例)、7がNational implementing measures(各国の国内法整備状況)、8がParliamentary questions(議会質問)です。

次の4けた1999は、採択された西暦年度(1999年までは2けたで示していました。2000年にCELEXに収録されたデータからは4けたになっています)。

次のアルファベット(この例ではD)は、第二次法(最初の数字が3)の場合、Dは決定(Decision)であることを示します。BはBudgetary Procedures(予算手続き)、DはDecision(決定)、KはECSC recommendation(ECSC勧告)、LはDirective(指令)、MはMerger decisions(合同決定)、RはRegulation(規則)、SはECSC general decision(ECSC一般的決定)、XはOfficial Journal L シリーズに掲載されたその他の法、YはOfficial Journal Cシリーズに掲載されたその他の法を示します。

最後の4けたは、それぞれの法令番号です。例にあげた法令番号31999D0859は、1999年採択の決定(D)の859番を示しています。

5　制定経過の探し方

　EU法制定までの経過をたどるには、EUの年次報告 *General Report on the Activities of the European Union* 巻末のAnnexの表を使います。

　EU法の法定手続には、共同決定手続(Co-decision procedure)、諮問手続(Consultation procedure)、協力手続(Co-operation procedure)、国際協定締結手続(International agreements procedure)の4つがあります(ただし、協力手続はアムステルダム条約で廃止されました)。共同決定手続によるEU法の制定経過は *General report* のAnnexのTable I、諮問・協力手続はAnnexのTable II、国際協定締結手続はTable IIIに記載されています。Tableには制定までに出されたDocumentの番号や、Official Journalの番号、*Bulletin of the European Union* (EUの月報)の記述への参照が、一覧になっています。

事例：デザインの法的保護に関する指令(Directive/98/71/EC 1998年)の制
　　　定過程の文書の場合
1998年の *General Report on the Activities of the European Union* の項目番号195に、デザインの法的保護に関する指令はTable Iにあるとの記載があるので(例の下線部)、巻末AnnexのTable Iの195の欄をみます(表)。
例
195. On 6 July the European Parliament and the Council adopted a directive on the legal protection of biotechnological inventions (Table I), with the aim of providing a stable legislative framework allowing the use of research results while taking account of the ethical aspects relating, in particular, to the protection of the human body. <u>On 13 October they also adopted a directive on the alignment of national provisions on the legal protection of designs (Table I)</u>. On 24 April the Commission proposed that the Council approve, on behalf of the Community, the World Intellectual Property Organisation's treaties on copyright, performances and phonograms (Table III).

　　　　(*General Report on the Activities of the European Union, 1998* より)

表

ANNEXES Table I

195 Directive 98/71/EC: legal protection of designs	解　説
① Commission proposal OJ C 345/23.12.93, COM(93) 344, Bull. 12-93/1.2.39	① 欧州委員会の提案 Official Journal Cシリーズ　345号　1993年12月23日号。また、COM Document(93)344に発表されています。*Bulletin of the European Union*（以下*Bulletin*）1993年12月号　項目1.2.39にも解説記事があります。
② ESC opinion/COR opinion OJ C 388/31.12.94, Bull. 7/8-94/1.2.18, OJ C 110/2.5.95, Bull. 1/2-95 1.3.19, Bull. 1/2-95-1.3.19°	② 提案に対する経済社会評議会の意見 Official Journal Cシリーズ　388　1994年12月31日に発表 *Bulletin*　1994年7/8月号　1.2.18にも記事あり Official Journal Cシリーズ　110　1995年5月2日号 *Bulletin*　1995年1/2月号　1.3.19に記事あり 提案に対する地域評議会の意見 *Bulletin*　1995年1/2月号　1.3.19に記事あり
③ EP first reading OJ C 287/30.10.95, Bull. 10-95/1.3.50	③ 欧州議会第一読会 Official Journal Cシリーズ　287号　1995年10月30日 *Bulletin*　1995年10月号　1.3.50
④ Amended Commission proposal COM(96)66, Bull. 1/2-96/1.3.36	④ 欧州委員会の修正提案 COM Document(96)66で発表 *Bulletin*　1996年1/2月号　1.3.36
⑤ Common position Council OJ C 237/4.8.97, Bull. 6-97/1.3.66	⑤ 閣僚理事会の共通の立場 Official Journal Cシリーズ　237　1997年8月4日 *Bulletin*　1997年6月号　1.3.66
⑥ EP second reading a, b, c, d, e, f, g OJ C 339/10.11.37, Bull. 10-97/1.2.45(b)	⑥ 欧州議会第二読会 Official Journal Cシリーズ　339　1997年11月10日 *Bulletin*　1997年10月号　1.2.45
⑦ Commission opinion(Art. 189 b(2)(d)) COM(97)622, Bull. 11-97/1.3.46	⑦ 欧州委員会の意見 COM Document(97)622で発表 *Bulletin*　1997年11月号　1.3.46に記事あり
⑧ Conciliation Committee g, h (1)(Art. 189b(4)) Bull. 6-98/1.3.36(g)	⑧ 調停委員会 *Bulletin*　1998年6月号　1.3.36
⑨ EP adoption of common draft (Art. 189b(5))OJ C 313/12.10.98 Bull. 9-98/1.2.33	⑨ 欧州議会草案を採択 Official Journal Cシリーズ　313　1998年10月12日 *Bulletin*　1998年9月号　1.2.33
⑩ Adoption by Council Bull. 9-98/1.2.33	⑩ 閣僚理事会草案を採択 *Bulletin*　1998年9月号　1.2.33
⑪ EP signature Council(Art. 191) OJ L 289/28.10.98, Bull. 10-98/1.2.34	⑪ 欧州議会・閣僚理事会による署名 Official Journal Lシリーズ289　1998年10月28日 *Bulletin*　1998年10月　1.2.34に記事あり

9章 欧州連合 151

表中の記号
° =opinion of the Committee of the Regions.
a = adoption（Article 189b(2)(a)）
b = amendments（Article 189 b(2)(c)and(d)）
c = declaration of rejection（Article 189b(2)(c)）
d = rejection（Article 189b(2)(c)）
e =failure to take a decision within three months（Article 189b(2)(c)）
f = amendments following a declaration of rejection
g = agreement on a common draft
h =failure to agree on a common draft.

―― インターネットで
インターネットのデータベースを使って制定経過文書を調べることもできます。
Prelex:decision-making process between institutions（http://www.europa.eu.int/prelex/）

Standard Searchでは、タイトル中の言葉や文書シリーズ（COM、CES、PEなど）の文書番号、年から検索ができます。

検索結果の一覧からドキュメントや*Bulletin*の該当記述部分をみることができます。

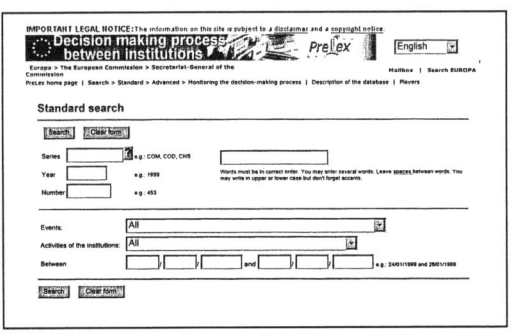

6 EUのおもな刊行物

これまでに述べたDocuments、Official Journalのほかに、EUの出版局から数多くの雑誌、図書が刊行されています。刊行物の目録として、毎年*Genaral catalogue of publications*が刊行されており、主題、書名、シリーズ名から検索できます。また、EUROCATというCD-ROMの目録でも、COM Documents、CES Documents、Session Docummments、Official Journal Lシリーズ、一般図書、レポート類の書誌事項（タイトルや文書番号、発行年など、資料に関する情報）を

検索することができます。

以下、EUの活動、及びヨーロッパを理解するのに役立つおもなEU刊行物(Publication)をご紹介します。

1 EUの活動全般

① *Treaties establishing the European Communities.*

「EUの憲法」といえるEU設立の基礎条約集。

② *General report on the activities of the European Union.*

EUの年次活動報告書。Official Journal、③のBulletinへの参照付き。EUの活動状況を知る基本資料といえます。巻末のThe Year in briefに、その年の主なEUの活動一覧と欧州年(European Year)のその年のテーマが載っています。

③ *Bulletin of the European Union*

年10回刊行のEUの月例活動報告書。その月の主な施策やEU各機関の活動を記載。Official Journal、COM Documentsなどの参照あり。

毎年1・2月号に前年発行分の*Bulletin*の年刊索引が載っています。*General report*と並んで、EUの活動を知る基本資料です。また、*Bulletin*の別冊(Supplement)も、年に数回発行され、重要な政策・報告書・演説の本文が解説付きで、再録されています。ただし、別冊は2000年3月で終刊。

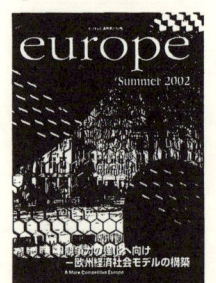

④ 『europe』(駐日欧州委員会代表部広報部刊)

EUに関して日本語で書かれた広報誌です。

欧州委員会委員へのインタビュー、EUの主要な政策の解説、ヨーロッパ文化、ヨーロッパと日本の協力関係、EUに関する日本語図書紹介といった記事が掲載され、EUの現在についてわかりやすく記されています。

⑤ *Europe from A to Z: guide to European integration.*

EUガイドとも言える、EUの活動案内です。

A(Agricultural policy　農業政策)、B(Budget　予算)など、46項目にわたって、EUの組織や政策について記されています。関連出版物への参照もあります。用語解説や略年

表も付いています。

2 ヨーロッパ経済

① *European Economy*

EU全体及び各加盟国の経済動向・経済政策を収載。EU各国の長期経済統計データ（おおむね1960年からの人口、GDP、個人消費、賃金コスト、貿易、総貯蓄高、マネーサプライ、利率、為替率など）も載っています。*European Economy*本誌の他に*European Economy Supplement*や、*European Economy Reports and Studies*というシリーズもあります。

European Economyに発表される欧州委員会の定例報告書

経済回顧（年次経済報告）　The EU Economy Review
　　　→*European Economy* 本誌に収載

経済見通し（年に２回）　Economic Forecasts
　　　→*European Economy Supplement A:Economic Trends* に収載

包括経済政策指針　Broad Economic Policy Guideline
　　　→*European Economy* 本誌に収載

包括経済政策実施報告　Implementation report
　　　→ *European Economy Reports and Studies* に収載

3 ヨーロッパの産業・税制

① *Panorama of EU industry*

EUの製造業・サービス業の現状を、各産業ごとに図表とともに解説しています。年刊。

② *Inventory of taxes levied in the member states of the European Union*

EU加盟国の税制一覧。各国の税の課税対象者、税率、算定ベース、控除について記されています。現在は廃止されてしまった税制についても載っています。

4 科学技術

① EURレポートシリーズ

欧州委員会刊行の科学技術報告書。EUの前身に欧州石炭鉄鋼共同体

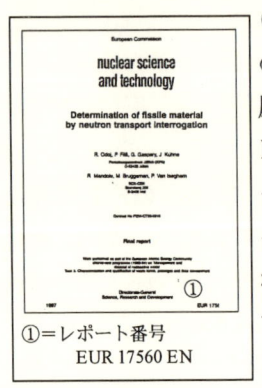

（ECSC）、欧州原子力共同体（ユーラトム）があり、EUの科学技術分野の研究・開発活動は、石炭・鉄鋼・原子力平和利用の分野に限られていました。ですが、1974年以降はこれらの分野に限らず、広範囲にわたって研究開発活動を行っています。EURレポートは、その成果報告書です。一論文で一冊となって刊行されたり会議論文集として出されているものもあります。各レポートには、EUR-17560といったようなレポート番号が付けられています。EURレポートの抄録誌・内容紹介誌として、*Euroabstracts*（隔月刊）があります。

①＝レポート番号 EUR 17560 EN

5　統計

EUの統計局（Eurostat　ユーロスタット）から、テーマごとに様々な統計が出されています。統計の目録として*Eurostat Catalogue*が毎年出ています。

また、最新データは、Eurostatのインターネットホームページでみることができます。Eurostatのページ（http://europa.eu.int/comm/eurostat/Public/datashop/print-catalogue/EN?catalogue=Eurostat）からDATAをクリックして下さい。

また、EUの統計書では、国名はアルファベットの略称で示されています。

B＝ベルギー	DK＝デンマーク	D＝ドイツ
EL＝ギリシャ	E＝スペイン	F＝フランス
IRL＝アイルランド	I＝イタリア	L＝ルクセンブルグ
NL＝オランダ	A＝オーストリア	P＝ポルトガル
FIN＝フィンランド	S＝スウェーデン	UK＝イギリス

（以上EU加盟15カ国）

ISL＝アイスランド、NOR＝ノルウェー、CHE＝スイスについてもデータあり。

おもな統計書の収録内容

① *Eurostat Yearbook*　一般向け基本統計書　年刊

人口、余命、交通事故、自殺、エイズ、世帯、結婚・離婚、出生、移住、亡命申請、国籍別人口、市民権を持たない住民、就学者、教育水準、留学、労働力人口、パートタイム、失業者、賃金、労働時間、社会給付、消費（パン、穀物、肉、牛乳、チーズ、卵、衣料品、アルコール、タバコ、外食、光熱費、家具、医療費、教育費、本、余暇）住宅事情、犯罪、道路、鉄道、森林・河川・農地、SO_2、CO_2排出量、農薬・化学肥料、GDP、個人消費、固定資産形成、政府の収入・支出、消費者物価、為替レート、金利、国際収支、貿易、農業生産、工業生産、製造業、エネルギー、流通、金融、輸送、旅行、EU域内経済、EU域内市場取引、EU対外貿易

付録に主要年表、統計用語解説があります。

② *Basic Statistics of the Community*　年刊　文字通りEUの基本統計

GDP、研究開発費、市場金利、国際収支、消費者物価指数、人口（各国地域ごと）、出生・死亡、結婚、生徒数・学生数、雇用者、失業率、社会保障費、賃金、マネーサプライ、生産（鋼、亜鉛、鉛、ボーキサイト、アルミニウム、セメント、アンモニア、肥料、自動車、綿、羊毛、たばこ、紙パルプ）、建築、エネルギーの生産・消費、鉄鋼、農産物の生産・消費（穀物、大豆、家畜、野菜、牛乳、バター）、食料需給（穀物、砂糖、ワイン、肉）、食料自給率、農業生産物価格指数、貿易、テレビ・電話、運輸（鉄道、航空、海運、自動車使用台数、自動車事故）、ホテルの数、CO_2排出量、大気汚染（SO_2、NOx）、廃棄物、リサイクル、化学肥料使用量、農薬販売量

③ *Eurostatistics: data for short-term economic analysis*　短期経済分析のための統計データ集　月刊

GDP、GDP成長率など、国民経済計算統計（単位ecu）、雇用・失業、産業生産指数、エネルギー（石油、石炭、ガス、電力、原子力）、卸売・サービス、農業生産（牛肉、豚肉、バター、スキムミルク）、貿易、消費者物価指数、農業価格指数、ECU換算率、為替レート、金利、公定歩合、マネーサプライ、国際収支

④ *Demographic Statistics*　人口統計

人口（性別、年齢別、国籍別）、出生、結婚、離婚、初婚率、平均初婚年齢、余命、死因別死亡、幼児死亡率、移民、難民、将来推定人口、世帯、各国の人口概観

⑤ *Energy：yearly statistics*　エネルギー統計年鑑

石油・石炭・天然ガス・電力の生産・消費・貿易・消費

⑥ *Agriculture：statistical yearbook*　農業統計年鑑

農地面積、生産量・消費、供給バランス、家畜、農業人口、価格、林業、水産量

6　世論調査

① *Eurobarometer*

EUの世論調査報告書。インターネット版のURLは、http://europa.eu.int/comm/public_opinion/

② *Central and Eastern Eurobarometer*

紙資料での刊行は、no.6で終了。2001年以降は*Condidate Countiries Eurobarometer*(CCEB)とタイトルを変えて、インターネットで発表されています。http://europa.eu.int/comm/public_opinion/archives/ceeb_en.htm

7　名簿

① *Who's who : interinstitutional directory.*

EU各機構の構成、職員、欧州議会議員。
② *Corps diplomatique* 年2回刊
各国のEU大使の名簿。

——インターネットで
IDEA: the electronic directory of the European Institutions (http://europe.eu.int/idea)
Who's who: interinstitutional directory のインターネット版データベース。

8 欧州裁判所の出版物
① *Reports of Cases before the Court of Justice and the Court of First Instance*
欧州裁判所の判例集で、略称はECR。Section I: Court of Justice, Section II: Court of First Instanceの分冊刊行。一年に、9-12巻および5-6巻刊行されています。ページづけは、1年間の通し番号になっています。
② *INDEX A-Z: Numerical and alphabetical index of cases before the Court of Justice of the European Communities.* v.1 (1953-1988) v.2 (1989-2000)
欧州裁判所判決の、訴訟番号順リスト、訴訟当事者名のアルファベット順リストおよび予備裁定に関連した各国裁判所名のリスト(加盟国順、アルファベット順)の3部からなります。

9 化学物質
① EINECS(アイネックス)およびELICS(エリックス)
EINECSとはEuropean Inventory of Existing Commercial Chemical Substances。ヨーロッパの化学物質便覧のこと。
EINECS: the advanced edition. v.1-3　Master inventory. 1987
ELICSは、European List of Notified Chemical Substances。欧州委員会に提出された新しい化学物質のリスト。最新版は、5th publications of ELICS.18 September 1981 - 30 June 1995.Official Journal v.39 C72 11.3.2000
EUへの新しい化学物質の届出に関しては『欧州連合における新規化学物質の届出』(1995　日本化学物質安全情報センター)があります。

② ICSC

International Chemical Safety Cards：国際化学物質安全性カードのこと。1988年より、EUはIPCS（国際化学物質安全性計画といい、WHO, ILO, UNEPの共同計画）と共に、化学物質の安全性カードを作成しています。化学物質を日常的に扱う労働者や管理者向けに、物質ごとの安全性、応急措置法、火災時の措置、保管上の注意、有害性などを説明しています。翻訳は『国際化学物質安全性カード（ICSC）日本語版』（第1集～4集　ICSC国内委員会監訳、化学工業日報社）。

ICSCについては、『科学技術文献サービス』No.110（1996.6）p.19-22（国立国会図書館）を参照のこと。

10　教育

① *Key data on education in European Union.*
EUの教育に関するデータ集。

11　欧州中央銀行

① *European Central Bank: annual report*
欧州中央銀行（ECB）の年次報告。
② *European Central Bank: monthly bulletin*（月刊）
ユーロエリア（Euro area）の次の統計データが載っています。

> バランス・シート（貸借対照表）、金融市場（金利など）、消費者物価指数（HICP）、経済指標（GDP、工業生産指数、失業率、労働コストなど）、貯蓄・投資（GDPに占める％）、財政（GDPに占める％）、国際収支、対外貿易、為替レート

7　資料でたどるEUの歴史

1946.9	チャーチル「欧州合衆国」構想(チューリッヒ大学での演説) *Documents on European Union*　edited and translated by A.G.Harryvan and J. van der Harst.1997 Macmilian Press(以下*Documents on European Union*)に収載。
1947.6	米、マーシャルプラン発表(ハーバード大学での演説) *Documents on European Union* に収載。
1950.5	シューマン宣言 *Documents on European Union* に収載。
1951.4	ECSC設立条約調印(パリ条約)
1957.3	EECユーラトム設立(ローマ条約調印)
1965.4	ブリュッセル条約調印
1970	ウェルナー報告(経済通貨同盟計画)発表 Report to the Council and the Commission on the realisation by stages of Economic and Monetary Union in the Community. *Bulletin of the European Communities*.1970 Supplement. no.11 『共同体における経済通貨同盟の段階的実現に関する対理事会および対委員会報告』(外務省経済局訳　1971年)
1975.2	ロメ協定調印
1983.6	シュトットガルト欧州理事会、「ヨーロッパ・ユニオンに関する厳粛な宣言(Solemn Declaration on European Union)」を採択。 *Bulletin of the European Communities*. 1983/6 point 1.6.1参照
1985.6	「域内市場統合白書」発表 Comleting the internal market: white paper from the Commission to the European Council.　COM Document(85)310
1987.7	「単一欧州議定書」発効(ローマ条約抜本改正)
1987	スキオッパ報告(域内市場統合の経済的効果に関する報告) *Efficiency, Stability and Equity: a strategy for the evolution of the economic system of the European Community*. 1987　Oxford University Press
1988.3	チェッキーニ報告(分断欧州のコストに関する報告) ①　基本報告 *Reserch on the cost of non-Europe: basic findings*. 16v. ②　一般向け要約版 *The European challenge: the benefits of a Singl Market*(Aldershop: Wildwood House, 1988) 一般向け要約版の日本語訳『EC市場統合・1992年　域内市場完成の利益』(パオロ=チェッキーニ著　田中素香訳　1988年　東洋経済新報社) ③　要約版 The economics of 1992: an assessment of the potential economic effects of completing the internal market of the European Community. *European Economy*　no.35 March 1988 所収

9章 欧州連合 159

1989.4	「ドロール委員会報告」(欧州経済通貨統合に関するレポート、3段階での欧州経済通貨統合達成のためのスケジュールを提示) *Report on Economic and Monetary Union in the European Community.*
1993	『成長と競争、雇用に関する白書』発表 Growth, competitiveness, employment 　　pt.A White: the challenges and ways forward into the 21st Centry 　　pt.B The conditions of growth, competitivenes and more jobs. 　　pt.C The conditions of the member states. 　　pt.AとBは、*Bulletin of the European Communities.*1993 Supplement 6およびCOM Document(93)700にあり。
1993.11	欧州連合条約(マーストリヒト条約)発効　ECをEUと名称変更
1994.3	ジェンゲン条約(Schengen Convention)発効(人の移動の自由化) *International Legal Materials* 1991 Jan. v.30 p.68 『europe』(駐日欧州委員会代表部)1995年7/8月号　p.19-に解説あり。
1995	「単一通貨導入のためのグリーンペーパー」発表 COM Document(95)333 日本語訳は、田中素香・本田雅子「EU単一効果の法的枠組みと一般大衆の支持の獲得について——欧州委員会『単一通貨導入のための実務的準備に関するグリーンペーパー』の紹介と翻訳」(『研究年報経済学』59巻1～3号　1997年6月～12月)
1995.12	新大西洋宣言(米国とEUの宣言) COM Documents(95)411 「米・EUの新大西洋宣言」(『世界週報』1996年新年特大号　p.75-)の記事あり。
1996.11	モンティ報告 *The Single Market and Tomorrow's Europe: a progress report from the European Commission.* 1996 EU単一市場の進展をレビューしたSingle Market Review Series(全39冊)の要約版。要約版の日本語訳は『EU単一市場とヨーロッパの将来』(マリオ・モンティ　田中素香訳　1998年　東洋経済新報社)
1997.10	アムステルダム条約調印
1997.11	アジェンダ2000 発表 21世紀に向けたEUの課題(政策強化、拡大、財政枠組みなど)に関する欧州委員会のレポート COM Documents(97)2000- Agenda 2000の総論は、*Bulletin of the European Union*　1997.5.Supplement。 『europe』1997年9/10月号p.11-および1998年5/6月号 p.2-に解説記事あり。
1997	欧州通貨機構(EMI)、3局面による単一通貨への移行報告発表 *The Single Monetary Policy in Stage three.*
1998.3	欧州委員会　収斂報告を発表 *EURO　1999.25 March 1998: report on prgress towards covergence and recommendation with a view to the transition to the third stage of economic and monetary union.* COM Documents(1998)1999
1999.1	ユーロ、スタート

2000.12	EU基本権憲章発表 Charter of the Fundamental Rights for Citizens of the European Union. *Bulletin of the European Union* 2000.12.に記事あり。 日本語訳は「欧州連合基本権憲章」(『外国の立法』国立国会図書館 no. 211 2002.2)
2001. 3	ニース条約調印 Offical Journal C80 10.3.2001
2002. 2	欧州将来像協議会発足

8　EU刊行物検索ツール

（インターネットのツールも含む）

1　*Documents* 月刊および年刊

COM Documents, PE Documents, CES Documentsの索引。

2　*Publications, General catalogue of publications.*

Documents以外の刊行物（単行書、定期刊行物、EURレポートなど）の索引。

3　*SCAD Bulletin* （週刊）

EU刊行物以外のEU関係の図書・雑誌記事情報の索引。

2000年以降はインターネットでのみ提供となりました。http://europa.eu.int/scadplus/scad_en.htm

ただし、2001年3月1日以降のデータは、以下のデータベースに追加され、SCADは凍結。

立法関係	EUR-Lex (http://europa.eu.int/eur-lex/)
	CELEX (http://europa.eu.int/celex)
公式資料	EUR-op (http://europa.eu.int)
図書・雑誌・記事	ECLAS (http://europa.eu.int/eclas)

9章 欧州連合 161

4 **ECLAS-European Commission Libraries Catalogue**(http://europa.eu.int/eclas/)
欧州委員会図書館の所蔵目録は、インターネットで提供されています。

5 *European Union as a publisher, Key publications of the European Union*
一般向けのEU出版物カタログ

6 *Eurostat Catalogue.*
EU統計局刊行の統計出版物(電子出版物を含む)のカタログ。年刊。

コラム　EUに関するQ&Aから

① EUの予算を知るには

*The Budget of the European Community*に毎年概説されるほか、Official JournalのLシリーズで、毎年2月頃予算書が発表されています。

② EUに製品を輸出する際の関税を知るには

Official Journal Lシリーズに、Tariff(関税率表)が発表されます。また、特恵関税や輸入総数制限などは、Official Journal Cシリーズに、TARICが発表されます。

――インターネットで

TARIC consultation (http://europe.eu.int/comm/taxation-customes/databases/taric)

品目の関税番号(10桁)がわかっている場合はTARIC codeに入力し、わからない場合はBrowseボタンから品目をさがして入力します。Country of origin/destinationに国名を入力し、Duty ratesボタンをクリックします。

③ EN(European Standard)とは？

EU加盟国とEFTA加盟国18カ国の標準化機関で構成されたCEN(ヨーロッパ標準化委員会)とCENELEC(ヨーロッパ電気標準化委員会)で定められ、各国の国家規格の地位を与えられた規格のこと。詳しくは、日本規格協会海外規格ライブラリー(東京都港区赤坂4-1-24　TEL 03-3583-8003　URL: http://www.jsa.or.jp/)へ。

④ CEマーキングとは？

製品がEU指令に基づく安全基準を満たしていることを示すマークのことです。詳しくは、(財)日本品質保証機構CEマーキングセンター(東京都港区赤坂1-9-15　TEL 03-3583-9001　URL: http://www.jqa.jp/07safety/cemarking.html)

9　EU寄託図書館とEU資料センター（EDC）

　日本国内では、国立国会図書館がEU資料の寄託図書館に、19の大学図書館がEU資料センター（EDC）に指定され、EU刊行資料を一般に公開しています。

北海道大学EU資料センター（付属図書館TEL 011-706-2973）
東北大学EU資料センター（付属図書館　TEL 022-217-5927）
東京大学EU資料センター（総合図書館国際資料室　TEL 03-5841-2645）
EU寄託図書館（国立国会図書館　TEL 03-3581-2331）
上智大学EU資料センター（中央図書館　TEL 03-3238-3507）
慶應義塾大学EU資料センター（三田メディアセンター　TEL 03-3453-4511）
早稲田大学EU資料センター（現代政治経済研究所　TEL 03-3204-8960）
一橋大学EU資料センター（付属図書館　TEL 042-580-8239）
中央大学EU資料センター（中央図書館国際機関資料室　TEL 0426-74-2591）
金沢大学EU資料センター（付属図書館　TEL 076-264-5211）
日本大学EU資料センター（国際関係学部国際機関資料室　TEL 0599-80-0860）
名古屋大学EU資料センター（経済学部図書館　TEL 052-789-4922）
同志社大学EU資料センター（学術情報センター　TEL 075-251-3980）
大阪市立大学EU資料センター（学術情報総合センター　TEL 06-6605-3250）
関西大学EU資料センター（総合図書館　TEL 06-6368-0267）
神戸商科大学EU資料センター（経済研究所　TEL 078-794-6161　ex.3103）
福山大学EU資料センター（付属図書館　TEL 0849-36-2111）
香川大学EU資料センター（付属図書館
　　TEL 087-832-1249）
西南学院大学EU資料センター（付属図書館
　　TEL 092-823-3410）
琉球大学EU資料センター（付属図書館
　　TEL 098-895-8168）

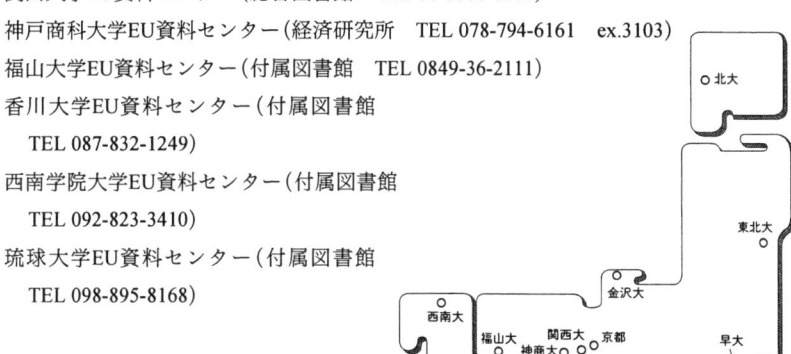

10章　欧州評議会

はじめに

　Council of Europe（略称CE）は、ヨーロッパ評議会、欧州協議会、欧州会議とも呼ばれるヨーロッパの国際機関。1949年5月に、「欧州評議会規程」にもとづき創設されました。欧州評議会が活動の対象とする分野は、政治、経済、人権、社会、文化、保健と多方面にわたります。欧州評議会の本部はフランスのストラスブールにあります。

　加盟国は『国際機関総覧　2002年版』によると、
　フランス、イタリア、英国、ベルギー、オランダ、スウェーデン、デンマーク、ノルウェー、アイルランド、ルクセンブルク（以上、原加盟国）、ギリシャ、トルコ(1949)、アイスランド(1950)、西ドイツ(1951)、オーストリア(1959)、キプロス(1961)、スイス(1963)、マルタ(1965)、ポルトガル(1976)、スペイン(1977)、リヒテンシュタイン(1978)、サンマリノ(1988)、フィンランド(1989)、ハンガリー(1990)、ポーランド(1991)、ブルガリア(1992)、エストニア、リトアニア、スロベニア、チェコ、スロバキア、ルーマニア(1993)、アンドラ(1994)、ラトビア、モルトバ、アルバニア(1995)、ロシア、クロアチア(1996)、グルジア(1999)。

　特別被招請国（Special Guest Status）は
　ベラルーシ、ボスニア・ヘルツェゴビナ、アルメニア、アゼルバイジャン（特別被招請国代表は、議員会議に出席し、発言権を有するが、投票権は有さない）。

1　欧州評議会の組織

1　閣僚委員会（Committee of Ministers）
　原則、加盟国の外相で構成され、各国政府への勧告を行っています。

2　議員会議または議員総会（Parliamentary Assembly）
　各加盟国議会議員から選ばれた代表により構成されます。諮問機関であり、立法権はありません。勧告や意見を出すことができます。

3　ヨーロッパ地方自治体会議（Congress of Local and Regional Authorities of Europe: CLRAE）

4　事務局

2　基本資料

1　*Activities of the Council of Europe:report*
　欧州評議会の年次報告書。

2　*European Yearbook.*
　ヨーロッパの国際機関に関する年次報告書。ヨーロッパに関する文献目録を収載。

3　*Official Gazette of the Council of Europe.* （1999.Jun〜）
　閣僚委員会の報告・決議・決定、ヨーロッパ条約、議員総会の意見、決議・勧告、ヨーロッパ自治体会議の勧告・意見・決議を収載。閣僚委員会で採択された文書は、Committee of Ministers Public texts（http://www.coe.int/t/E/Committee_of_Ministers/Home/Documents/）でも公開されています。

3 テーマ別基本資料

1 ヨーロッパ条約集
① *European Treaty series* (ETS)
② *European Conventions and Agreements.*
　インターネット版のURLは、http://conventions.coe.int/

2 人権
　欧州評議会は、1950年に欧州人権条約を生み出し、欧州人権委員会、欧州人権裁判所等を通じて、基本的人権の確保につとめています。
① *Yearbook of the European Convention on Human Rights.*
② *Decisions and Reports* (略称*D.R.*)
　ヨーロッパ人権委員会の決定集

2-1 欧州人権裁判所
① 判例集と訴訟記録（1996年まで）
　①-1 判例集（1996年まで）
　　Series A: judgements and decisions of the European Court of Human Rights（略称 Series A. E.C.H.R）
　　欧州人権裁判所の判例集は1996年までは、上記タイトルのもと、Series A nos.1-338として刊行されていました。
　①-2 訴訟記録（1996年まで）
　　Series B: Pleadings, Oral Arguments and Documents. nos.1-104

② 判例集（1996年以降）
　Reports of Judgements and Decisions（略称R.J.D）
　1996年以降のヨーロッパ人権裁判所の判例は、R.J.D.として、毎年刊行されるようになりました。
　――インターネットで
　HUDOC(Human Rights Documents： http://www.echr.coe.int/Hudoc.htm)
　欧州人権裁判所、欧州人権委員会の判例データベース。判例、決定、決議を検索することができます。

3 薬局方(ヨーロッパ)

European Pharma Copoeia (略称EP)

4 人口統計(ヨーロッパ)

Recent Demographic Developments in Europe.

人口増加率(自然増加、移民)、外国人人口、婚姻率、離婚率、出生率、死亡率、平均余命

5 メディアに関する統計(ヨーロッパ)

Statistical Yearbook: film, television, video and new media in Europe

4 おもなヨーロッパ条約

1 ヨーロッパ人権条約

Convention for the Protection of Human Rights and Fundamental Freedoms (1950) and Protocols (No. 1.2.4.6.7.9)

→*Human rights in international law: basic texts*に本文収載。『ヨーロッパ人権条約』(1997.10 有信堂高文社)に日本語訳あり。

2 ヨーロッパ社会憲章

European Social Charter

→*Human Rights: a compilation of international instruments.* v.2 (ST/HR/1/Rev.5 (v.2))に、1961年版、1996年改定版共にあり。

3 人権と生物医学に関する条約(生命倫理条約)

Convention for the Human Being with regard to be Application of Biology and Medicine (Convention on Human Rights and Biomedicine). 1997年4月、スペインのオビエドで調印

→*European Treaty Series* no.164

日本語訳は『外国の立法』no.202 (国立国会図書館 1998年3月号)にあり。

10章 欧州評議会

4 スポーツイベント、特にフットボール試合での暴力、不品行に関する欧州条約

European Convention on Spectator Violence and Misbehavior at Sports Events and in particular at Football Matches.

→*European Treaty Series* no.120

5 サイバー犯罪条約

Convention on Cyber Crime.

コンピュータ犯罪に対するはじめての国際条約。

→*Europian Treaty Series* no.185

――インターネットで

European Treaty Seriesはインターネットで公開されています。Council of Europe Legal Affairs Treaty Office(http://conventions.coe.int/treaty/EN/cadreprincipal.htm)

5 ヨーロッパ審議会寄託図書館

　日本国内では、立命館大学にCouncil of Europeの寄託図書館が設置されています(1995年5月より)。原則、英語版・フランス語版両方のCouncil of Europe資料が公開されています。

　　　　京都市北区平野上柳町11　立命館大学「アカデメイア立命21」内
　　　　　　TEL：075-465-8107
　　　　　　http://www.ritsumei.ac.jp/kic/a06/ce/ce.html

第４部　その他の地域的国際機関

11章　経済協力開発機構

はじめに

　経済協力開発機構(以下OECD)は、1961年にそれまでのOEEC(欧州経済協力機構)を改組して発足しました。日本は1964年に加盟しています。OECDは経済成長・途上国援助・世界の貿易拡大を目的とし、加盟国間での情報交換、共同研究を行っています。また、分野ごとに委員会を設置し、その検討結果にもとづいて理事会が決定や勧告を採択しています。また、OECDの研究成果は、専門家や政策立案者向けに多くの刊行物・電子出版物となって発表されています。OECDの組織・活動については『OECD(経済協力開発機構)世界最大のシンクタンク』(村田良平著　中公新書　2000年)があります。

コードナンバー
　OECD刊行物には、OECD独自の7桁のコード・ナンバーが付与されています。
　例えば、24 88 05 1の場合、最初の2ケタ(この場合24)は分野と研究所の発表源を表示し、次の2ケタは発行年度、また3つ目の2ケタは同一年度内に同一発表源から何回目の報告書であるかを示しています。最後の数字は英仏の公用語のうち、1は英語、2は仏語、3は両国語の併用版であることを意味しています。

1　分野別おもなOECD刊行物

1　一般　コードナンバー(以下CN)01
① 広報誌　*The OECD Observer*(隔月刊)
② 基本資料　*The Annual Report of the OECD*

2　経済問題　CN03-
① *OECD Economic Surveys.*(CN10)　国別経済審査年次報告書
② *OECD Economic Outlook.*(CN12)　経済見通し年2回刊。また、「OECDの経済見通しの概要」という記事が、『財務省調査月報』に掲載されます。
③ *OECD Economic Studies.*(CN13)　年2回刊

3　財政・金融・租税・貿易 CN20-
① *OECD Financial Statistics.*(CN20)

pt.1	Financial Statistics Monthly　金融統計 Section 1 が国際金融市場 Section 2 が加盟国の国内金融市場
pt.2	Financial Accounts of OECD Countries　国別金融勘定
pt.3	Non-financial enterprises financial statements　非金融企業

② 保険　*Insurance statistics yearbook*(CN21)
③ 租税関係　*Taxing wages: taxes on wages and salaries, social security contributions for employees and their employers, child benefits.*(CN23)

4　統計 CN30-
① *National Accounts of OECD countries.*(CN30)

v.1	国民経済計算主要集計値…為替率による比較表、購買力平価(ppp)による比較表
v.2	国民経済計算詳細値………民間消費、固定資産、中央政府・地方政府収支

② *Labour Force Statistics.*(CN30)
　　　職業別労働力人口　年代別失業率

③ *Main Economic Indicators.*(CN31)

　Pt.1　加盟国の一覧表

GDP、工業生産指数、複合先行指標、建築、自動車販売、小売り販売指標、消費者物価指数、生産物価指数、時間あたり収入、失業率、雇用指数、金利(短期・長期)、株価、金融総量、為替レート、貿易量

　Pt.2　国別統計

GDP、工業生産指数(完成財、中間財)、商品生産(粗鋼、自動車、船舶、サービス)、景況、消費マインド、製造業(出荷、在庫)、建築、卸売、小売、雇用、失業、求人、時間あたり収入指数、物価指数(生産、卸売、消費)、金融総量、預金、貸出、民間社債、国債、金利(公定歩合、当座借入金、有価証券預り金、債権利回り)、株価指数、対ドル為替レート、公定準備高、貿易量、国際収支(財、サービス、移転、資本、準備資産)

④　*Monthly Statistics of International Trade.*(CN32) 貿易統計(月刊)
⑤　*Statistics of International Trade by Commodities.*(CN34)　商品別貿易統計

5　開発　CN40-

① *The OECD Report on Regulatory Reform.* v.1 Sectorial Studies. v.2 Thematic Studies. 1997 (CN42)

世界の規制改革に関するOECDによる報告書

② *Development Co-operation Review series* (CN43)

国別開発協力レビュー

③ *Development Co-operation: efforts and policies of the Members of the Development Assistance Committee* (CN43)

開発援助委員会(DAC)の年次議長報告

④ *Geographical distribution of financial flows to aid recipients* (CN43)

6　エネルギー　CN60-

① *Energy Policies of IEA countries.* (CN61)

　　国別エネルギー政策レヴュー。IEA(国際エネルギー機関)加盟国は4年に1度、詳細なエネルギー政策に関する審査を受けます。その報告書も同じタイトルで国ごとに刊行されています。

7 産業・運輸 CN70

① *Statistical Trends in Transport*(CN75)運輸統計
② *European Conference of Ministers of Transport: activities of the Conference.* (CN75)
　欧州運輸担当大臣会議の年次報告。決議を収録。

8 労働・社会問題(CN80-)

① *Trends in International Migration: Annual report*(*SOPEMI*). (*CN81*)
　国際人口移動レポート
② *OECD Health Systems* v.1 Facts and Trends 1960-1991(CN81)

> 年代別平均余命、疾病別死亡数(人口10万人あたり)、家庭内の事故、自動車事故、喫煙・アルコール消費、医療費、保健・医療のための政府支出、医療サービス価格指数、医者の平均収入、医者・看護婦の数、病院ベッド数、ベッド回転、疾病別平均入院日数、移植、社会保障費

③ OECD Health Data(CD-ROM版)

> 一般経済データ、全保険医療支出、政府の保険医療支出、医療費(入院と外来)、医療施設と保険医療における雇用、薬品の製造と使用、疾病の発生率、疾病ごとの平均在院日数、疾病別コスト、医療研究と発展、人口動向、寿命、死亡率、疾病ごとの死亡率、社会保障、医療サービス料ほか(「OECD東京センターニュース」より)。

9 科学技術、教育　CN88-

① *Basic Science and Technology Statistics.*(CN92)
　R&D(研究開発)費用、特許申請数などを収載
② *Science, Technology and Industry Outlook.*(CN92)　科学技術・産業見通し
③ *OECD Communications Outlook.*(CN93)
　OECD加盟国の通信部門(電気、放送、CATV、インターネット)の政策や実態に関する比較データを収録しています。
④ *Main Science and Technological Indicators.*(CN94)　主要科学技術指標　年2回刊
⑤ *Education at a Glance.* (CN96)
　OECDの研究革新センター(CERI)の事業として、各国の教育制度や教育政策を比較対照するための教育インディケータ(指標)の開発があります。指標

の開発のために各国から収集した教育データは、*Education at a glance: OECD indicators*として刊行されます。「目で見る教育白書」、「図表で見る教育白書」とも呼ばれ、各国の教育データをグラフを多用して紹介しています。

⑥ *Knowledge and Skills for Life: first results from PISA 2000.*(CN96)

OECD加盟国を中心に32カ国の15歳を対象にした学習到達調査報告書。通称PISA報告書。2001年12月に第1回調査報告書が発表されました。

10 環境　CN97-

① *The State of the Environment.*(CN97)

② *OECD Environmental Performance Review.*(CN97)　国別環境レポート

③ *OECD Environmeantal Data Compendium.*(CN97)　隔年刊　各国の環境データを収載

> SO_x排出量、NO_x排出量、CO排出量、CO_2排出量、SO_2濃度、NO_2濃度、おもな河川の水質、おもな湖の水質、土地利用、森林(木材の生産・貿易量など)、動植物、廃棄物(有害廃棄物、リサイクル、放射性廃棄物)。おもな災害(タンカー事故、洪水、地震)、エネルギー生産・消費、環境への支出、地球環境に関する各国間条約一覧。

④ *OECD Guidelines for Testing of Chemicals.*(CN97)　化学品試験のためのガイドライン

OECDでは、化学品品質検査の世界的標準とされているOECD Guidelines for Testing of Chemicalsを発表しています。このガイドラインにそった品質検査を受けた化学品であれば、ひとつの国で認められたそのテスト結果が他国でも承認されることになります。つまり、複数のOECD加盟国に化学品を輸出する場合、そのテスト結果をひとつの国に提出すれば、他の国それぞれに提出しなくてもすむわけです。

2　OECD東京広報センター

　過去２〜３年のOECD資料については、OECD東京広報センターで閲覧することができます。東京広報センターは、OECD刊行物の販売窓口でもあります。

〒110-0011　千代田区内幸町2-2-1　日本プレスセンタービル３F
TEL: 03-5532-0021　FAX: 03-5532-0035
http://www.oecdtokyo.org/

　また、パリのOECD本部のインターネットホームページ上では、PDF形式で公開されている刊行物もあります(http://www.oecd.org)。

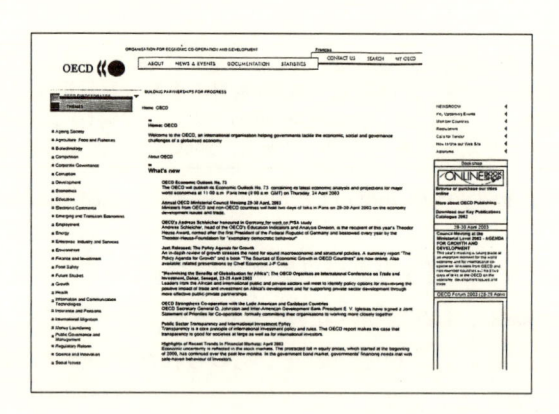

12章　その他のおもな国際機関

1　アジア開発銀行 ADB

Asian Development Bank
http://www.adb.org/

　1965年「アジア開発銀行を設立する協定」が、エカフェ加盟国および先進国の全権代表会議で採択され、ADBが設立されました。おもな目的は、アジア極東地域の開発事業への融資と域内開発への協力です。事務局はマニラ。総務会と理事会があります。

1　広報誌
ADB Quarterly review.

2　基本資料
① *Annual Report*
② *Asian Development Outlook.* 年刊　Oxford University Press

3　基本統計
Key indicators of developing Asian and Pacific countries. 年刊　Oxford University Press

4　検索ツール
ADB publications catalog（http://www.adb.org/Publications/catalog）

5　寄託図書館

国内では次の4か所がアジア開発銀行刊行物の寄託図書館となっています。

国立国会図書館	東京都千代田区永田町 1-10-1	Tel 03-3581-2331
大阪府中央図書館	大阪府東大阪市荒本北 57-3	Tel 06-745-0170
アジア太平洋センター	福岡県福岡市早良区百道浜 2-3-26	Tel 092-852-1155
国際協力プラザ	東京都港区南麻布 5-2-32	Tel 03-5423-0561

2　アジア太平洋経済協力会議 APEC

Asia-Pacific Economic Cooperation:
http://www.apecsec.org.sg/

アジア太平洋地域における政府間経済協力のため、1989年に発足した閣僚レベルの会議。貿易の自由化を進めています。事務局はシンガポール。

1　基本資料

APEC Vertual Library (http://www.apecsec.org.sg/)

ホームページから首脳会議での宣言や閣僚声明などをダウンロードすることができます。

2　検索ツール

APEC　publications list (http://www.apecsec.org.sg/)

3　東南アジア諸国連合　ASEAN

Association of South East Asian Nations
http://www.asean.or.id/

　1967年、ASEAN設立宣言（バンコク宣言）により設立されました。事務局はジャカルタ。東南アジア諸国の経済成長・社会発展、文化・科学技術の発展と相互協力を目的としています。

1　基本資料
① *Annual Report of the ASEAN.* 　年次報告は、ホームページのPublicationsから見ることもできます（http://www.asean.or.id/4913.htm）。
② 　Archive: ASEAN Documents Series（http://www.aseansec.org/archive.html）に主要な宣言、行動計画があります。

2　検索ツール
List of Publications（http://www.asean.or.id/general/publication/rist pub.）

4　国際決済銀行　BIS

Bank for International Settlements
http://www.bis.org

　1930年設立。各国中央銀行の国際レベルでの協力をめざしています。事務局はスイスのバーゼル。BISの刊行物の多くは、そのインターネットホームページでPDF形式で公開されています。

1　基本資料
① *Annual report*
② *Quarterly Review: International Banking and Financial Market developments*

2 基本統計

① *Joint BIS-IMF-OECD-World Bank Statistics on external debt.*　季刊
② *Central Bank Survey of Foreign Exchange and Derivatives Market Activity.* 3年に1回刊
③ *The BIS Consolidated International Banking Statistics*

その他、ワーキングペーパーやコミッティペーパーの多くがホームページで公開されています。

3 検索ツール

BIS publications（http://www.bis.org/publ/index.htm）

5　77か国グループ

Group of 77
http://www.g77.org/

1964年のUNCTAD（国連貿易開発会議）で77か国の開発途上国によって結成されました。特に経済分野で結束して行動し、UNCTADや国連総会の舞台で主張してきています。

1 基本資料

① *The Third World without Superpowers: the collected works of the Group of 77.* New York: Oceana Publications. 20 vols.
② *Thirty Years of the Group of 77. 1964-1994.* Geneva: South Centre Publications, 1994.
③ Group of 77: documents（http://www.g77.org/main/docs.htm）
77か国グループで採択された主要な宣言や行動計画の本文がホームページ上で見られます。

2　広報誌

Journal of the Group 77

ホームページ上で公開されている号もあります（http://www.g77.org/Journal/message.htm）。

6　北大西洋条約機構 NATO

North Atlantic Treaty Organization
http://www.nato.int

1949年「北大西洋条約」に基づいて設置されました。個別的自衛権・集団的自衛権を行使して、北大西洋地域の安全・安定に必要な行動をとることによって、攻撃を受けた締結国を援助します。

1　基本資料・広報誌
① *NATO Review* 隔月刊（http://www/nato.int/docu/review.htm）
② *NATO handbook* 年刊（http://www.nato.int/docu/handbook）

2　基本統計
NATO Facts and Figures 年刊

──インターネットで

NATO: online library（http://www.nato.int/docu/home.htm）

NATOの基本文書、NATO Review、NATO Handbook、プレスリリース、閣僚コミュニケ、主なスピーチなどが公開されています。

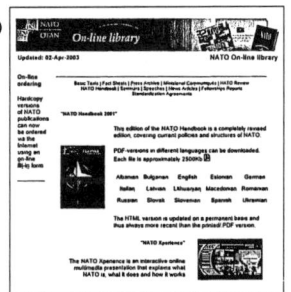

7　欧州安全保障協力機構　OSCE

Organization for Security and Cooperation in Europe
http://www.osce.org

　欧州の安全保障、紛争の未然防止のため、信頼醸成、軍縮、選挙監視といった活動をしています。前身は欧州安全保障・協力会議(Conference on Security and Cooperation in Europe: CSCE)、1995年1月より名称変更。

1　広報誌

OSCE newsletter. 月刊

2　基本資料

① *OSCE Decisions.* 年刊
　OSCEの文書を集成
② *Annual reports on OSCE activities.*

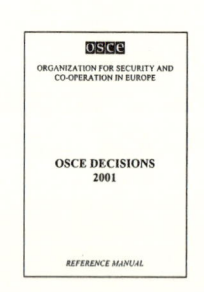

──インターネットで

OSCE: documents library (http://www.osce.org/docs/index.hem.)
　OSCEの主な文書・声明などを公開しています。Chronological listでブラウズすることができます。

13章　国際連盟

はじめに

　国際連盟(League of Nations: LN　略称LN　以下連盟)は1920年から1946年まで存続した国際機関で、世界平和の確保が大きな目的でした。日本は発足当時から加盟していましたが、1933年3月に、満州事変をめぐる連盟の審議を不服として脱退通告をしています。連盟の活動の大きな柱は、紛争の平和的解決、経済制裁、軍縮でした。解決した紛争もありましたが、結局、第2次世界大戦を抑えることはできませんでした。

1　国際連盟の機構

主要機関

総会	Assembly(議会に相当)
理事会	Council(内閣に相当)
事務局	Secretariat(行政官庁に相当)

補助機関

各種委員会(Commission)
機関(Organization)

自治機関

国際労働機関(ILO)
常設国際司法裁判所(PCIJ)

その他

協会(Institute)
各種センター

　総会は加盟国すべての代表で構成され、理事会は一部の加盟国代表で構成されていました。総会・理事会では、紛争解決のための話し合いが行われ、決議や勧告が出されました。

2　定期刊行物の種類

　国際連盟刊行資料は、大きく定期刊行物とそれ以外の一般図書・報告書類に分けられます。おもな定期刊行物は以下のとおり。

1　*Official Journal*　月刊
　理事会の議事録、主要公文書、予算、事務局職員名簿などを収録。

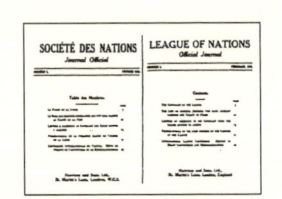

2　*Official Journal Special Supplement. No.1～No.195*
　もっぱら総会の議事録、総会の決議、総会内主要6委員会の議事録を収録。不定期刊。

3　統計類・雑誌類
① 　*International Statistics Yearbook. 1926/29*
② 　*Statistical Yearbook of the League of Nations*. 1930/31-1942/44
　国際連盟統計年鑑。同統計は原書房刊複製版あり（1971-　全16巻）。
③ 　*The League of Nations Economics Statistical Series.*
　国際連盟の経済関係統計書集。極東書店刊行による複製版。
その収録タイトルは
　Memorandum on Production and Trade 1913-1924/25から1925-1929/1930
　Review of World Production 1925-1931
　World Production and Prices 1925/1932 から 1938/1939
　Memorandum on Balance of Payments and Foreign Trade Balances 1910-1923から1911-1925
　Memorandum on International Trade and Balances of Payments 1912-1926から1927-1929
　Memorandum on Trade Balances of Payments 1930から1931-1932
　Review of World Trade 1932から1938

Balances of Payments 1931 and 1932から1939-1945

International Trade Statistics 1931 and 1932から1938

Europe's Trade, Study of the Trade of European Countries with one another and with the Rest of the World. (1941)

The Network of World Trade (A companion volume to Europe's Trade). (1942)

International Trade in Certain Raw Materials and Foodstuffs by Countries of Origins and Consumptions 1935から1938

Memorandum on Commercial Bank 1913-1929

Commercial Banks 1925-1933から1929-1934

Memorandum on Central Banks 1913-1923

Memorandum on Currency 1913-1921から1926-1928

Public Finance 1928-1935-1937. Parts 1-26

4 広報用資料

① *Monthly Summary of the League of Nations.* 1921-1940
国際連合(UN)の *UN Chronicle* に相当する広報誌。

② *Essential Facts about the League of Nations.* 10th ed. 1939

5 条約集

League of Nations Treaty Series. vol.1-205
連盟加盟国が締結した協定・条約で、連盟に登録されたもの。

3　一般図書・報告書・会議資料など

　一般図書・報告書には、たいてい資料識別番号がついています。識別番号から、連盟のどの委員会・機関が刊行したかがわかるようになっています。この番号のことをOfficial Number, Committee/Conference Numberといいます。

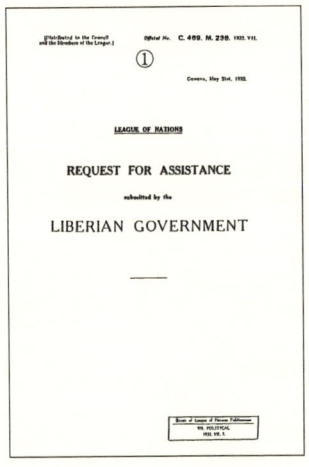

　たとえば、C.469.M238.1932.Ⅶの場合、C.469は、理事会(Council)刊行469番目、M238.1932は、加盟国への配布238番目で1932年の資料だということを示します。最後のローマ数字はセールスナンバー分類といって、資料の内容を表します。Ⅶは、政治問題に関する資料だということを示します。

①…これがオフィシャルナンバー。
「C469. M238. 1932. VII」とある。

1　Official Number, Committee/Conference Number

　Official Number, Committee/Conference Numberのアルファベットは、資料の刊行機関・刊行委員会を示します。理事会(Council)、総会(Assembly)の場合、Official Numberと呼び、それ以外の委員会や会議の場合にCommittee/Conference Numberと呼んでいます(巻末の機関の略号と機関名・委員会名リストを参照のこと)。

　ただし、連盟設立時の1920年から1921年4月までは、機関名の略号でなく、数字と斜線でOfficial Number, Committee/Conference Numberを示していました。たとえば20/29/1。この記号の20は刊行年1920年、29はこの資料の刊行機関Council、そして1は1920年理事会で刊行された最初の出版物であることを示しています。

2 セールスナンバー分類

刊行資料の内容を表すセールスナンバー分類は、以下の通りです。

記号	部門
General	General（一般）
Ⅰ.A.	Administrative Questions（行政問題）
Ⅰ.B.	Minorities（少数者問題）
Ⅱ.A.	Economic & Financial（経済・財政）
Ⅱ.B.	Economic Relations（経済関係）
Ⅲ	Health（保健）
Ⅳ	Social questions（社会問題）
Ⅴ	Legal（法律）
Ⅵ.A.	Mandates（委任統治）
Ⅵ.B.	Slavery（奴隷）
Ⅶ	Political（政治）
Ⅷ	Communications & Transit（交通・通過）
Ⅸ	Disarmament（軍縮）
Ⅹ	Financial Administration（財政）
Ⅺ	Traffic in Opium and other Dangerous Drugs（阿片及び麻薬取引）
Ⅻ.A.	Intellectual Co-operation（学芸協力）
Ⅻ.B.	International. Bureaux（国際機構）
ⅩⅢ	Refugees（難民）

コラム　国際連盟刊行資料のマイクロフィルム集成について

League of Nations Documents 1919-1946. Research Publications Inc.（マイクロフィルムリール）

収録内容

① Official Journal
② Official Journal Special Supplement
③ 理事会・総会に回覧された資料
④ Circular letters（加盟国配布資料）
⑤ Official Number, Commitee/Conference Numberの機関略号がC（Council

理事会)、A (Assembly　総会)、CPM (Permanaent Mandates Commission　常設委任統治委員会)ではじまる連盟資料

⑥　Directors' Meetingの議事録・資料
⑦　*League of Nations Treaty Series*　全205巻
⑧　以下の年鑑類・雑誌類も収録されています。

Annual Eqidemiological Reports 1922-1938 (title varies)

Armaments Year Book 1924-1939/40

International Health Year Book 1924-1930

Memoranda on Production and Trade 1926-1945

Money and Baanking 1913-1944 (title varies)

Reports of the Mandatory Powers to the League

    Cameroons under British Mandate

    Cameroons under French Mandate

    Iraq under British Administration

    Nauru under Australian Mandate

    New Guinea under Australian Mandate

    Palestine and Transjordan under British Administration

    Ruanda-Urundi under Belgian Mandate

    Pacific Islands under Japanese Mandate

    Southwest Africa under the Administration of the Union of South Africa

    Syria and Lebanon under French Mandate

    Tanganyika under British Mandate

    Togoland under Brithish Mandate

    Togoland under French Mandate

    Western Samoa under New Zealand Mandate

Review of World Trade, Balance of Payments, and International Trade Statistics　1910-1945 (title varies)

Statistical Year Book of the League of Nations. 1926-1942/44

Statistical Year Book of the Trade in Arms, Ammunition, and Implements of War 1924-1938

World Economic Survey 1931/32-1942/44

このマイクロフィルム集成のカタログは、3分冊となって刊行されています。
League of Nations documents 1919-1946: a descriptive guide and key to the microfilm collection. New Haven, Research Publications Inc. 1973. 3 vols.
 Vol. 1 Subject categories I.A. through IV
 Vol. 2 Subject categories V through VII. C.P. M. documents, minutes and reports of the Permanent Mandates Commission.
 Vol. 3 Subject categories VIII through general serial publications reel index, Minutes of the Directors' meetings reel index.
すなわち、カタログ第1巻にセールスナンバー分類記号のI.AからIV(行政、少数者、経済、財政、経済関係、保険、社会問題)の文書、第2巻にVからVII(法律、委任統治、奴隷、政治)の文書と常設委任統治委員会文書、第3巻にVIIIとGeneral(交通、通過、軍縮、財政、阿片、麻薬取引、学芸協力、国際機構、難民、および一般)の文書、そしてOfficial Journal, Official Journal Special Supplement, League of Nations Treaty Series、統計・雑誌類といった定期刊行物が収録されています。各巻の巻末にOfficial Number, Committee/Conference Numberから引ける索引があります。

4　国際連盟刊行資料検索ツール

① *Catalogue of Publications 1920-1935.*　Publications Department, League of Nations, 1935

② *Guide to League of Nations publications.* Columbia University Press. 1961
　国際連盟刊行物の案内書。基本文書、主要な決議も再録されています。

5 文書集

The United Nations system and its predecessors. v.2 Oxford University Press

　国際連盟各機関の基本文書(たとえば、常設委任統治委員会憲章など)、政治問題・紛争に関する連盟決議などがそのまま再録されています。出典や文献案内もあります。

　再録されている主な文書

ウィルソン平和条約14ヵ条、国際連盟規約、国際連盟規約草案(フランス案、ハースト・ミラー案)、議会議事手続き、理事会議事手続き、バルセロナ条約(第1回交通・通信会議 1921.3)、ブルース・レポート。
以下の紛争関係文書:
オーランド諸島問題(フィンランド)、上シュレジエン(独・ポーランド)、モースル事件(トルコ・イラク)、満州事変、レティシア港(コロンビア・ペルー)、チャコ戦争(ボリビア・パラグアイ)、イタリア・エチオピア戦争、スペイン内乱、ソ連・フィンランド戦争、ザール地方、ダンツィヒ自由市。

6 常設国際司法裁判所の判決・勧告的意見

　常設国際司法裁判所(Permanent Court of International Justice: PCIJ)の刊行物には、判決(Judgements)、勧告的意見(Advisory Option)、年報(Annual report)など以下のシリーズがあります。

Series A	Judgements and Orders
Series B	Advisory Opinion
Series A/B	Judgements, Orders and Advisory Opinion
Series C	Acts and Documents relating to Judgements and Advisory Opinion
Series D	Acts and Documents concerning the Organization of the Court Judgements and Advisory Opinion
Series E	Annual reports
Series F	Indexes

　また、判決などを集成した*World court reports: a collection of the judgments, orders and opinions af the Permanent Court of International Justice.* edited by Manley O. Hudson, Dobbys Ferry. Oceana Publications, reprinted 1969. (全4巻) もあります。

13章　国際連盟　193

コラム　国際連盟の刊行物から

① リットン報告書

『リットン報告書』(英文・和文　中央公論社　1932『中央公論』別冊付録)
または、*Appeal by the Chinese Government. Report of the Commission of Equiry. (Lytton)*.1932. C663.M320.1932.VII Supplementary documents to the report of the Commission of equiry.

② 日本の国際連盟脱退についての文書

『聯盟脱退関係諸文書』(日英両文　国際連盟協会　1933)
内容：連盟規約第15条4項による連盟総会報告書。連盟規約第15条5項による日本政府述陳書。松岡代表の演説。松岡代表宣言書。

③ 連盟脱退寺の松岡外相演説

『聯盟脱退関係諸文書』(日英両文　国際連盟協会　1933)
または、*Records of the special session of the Assembly*. 1932. Official Journal special supplements. no.112

④ ブルース・レポート

タイトルは、*The development of international co-operation in economic and social affairs*. S.M.ブルースを議長とする委員会の報告書。連盟総会内に経済社会問題中央委員会の設置を提案しています。
The United Nations system and its predecessors. v.2 p.356にあり。

⑤ 柳田国男の、常設委任統治委員会での南太平洋原住民についての報告

The welfare and development of the natives in mandated territories: report by M. Yanagita. Permanent Mandates Commission. Minutes of the 3rd sess. Geneve. July 20 - August 10.1923　p.279-286.

のちに民俗学者となる柳田国男は、1922-23年、国際連盟常設委任統治委員会委員としてジュネーブに駐在しています。

7　国際連合設立までの資料

1　モスクワ宣言（米英ソ中外相会議　モスクワ）　1943.10.19-30

Foreign relations of the U.S. diplomatic papers. 1943-　v.1. General p.513-781

また、宣言文(Moscow Four-Nations Declaration on General) は、*International Organization and Integration.* I. A. 1f にもあり。

2　ダンバートン・オークス提案　1944.10.7

Dambarton Oaks Conference: proposal for an International Security Organization. 1944

また、*Documents of the United Nations Conference on International Organization.* v.3にもあり。

3　ヤルタ会談（クリミヤ会談）（米英ソ首脳会議）　1945.2.4-2.11

Report of the Crimea Conference: Yalta Agreement.

The major international treaties since 1945: a history and guide with texts. (1987 Methuen. p.27-31)に収録されてます。

4　国際機構の設立に関する連合国会議(UNCIO)(サンフランシスコ会議)
　　1945.4.25-6.26

Documents of the United Nations Conference on International Organization. 1945 -54. 22 vols.インデックスあり (v.16, v.21, v.22)

　同会議の資料には、ドキュメントナンバーとシンボルナンバーが付与されています。ドキュメントナンバーは文書管理番号で、Doc, WD (Working Draft)、JURISTのいずれかの記号と一連番号です。シンボルナンバーは、同会議内での刊行機関（委員会、本会議など）を示します。シンボルナンバーのシンボルは次の表のとおりです。

13章 国際連盟

シンボル		機関名	
G	General	〈全体〉	
P	Plenary Session	〈本会議〉	
ST	Steering Committee	〈運営委員会〉	
EX	Executive Committee	〈執行委員会〉	
CO	Co-ordinarion Committee	〈調整委員会〉	
ST/C	Credential Committee	〈信任状委員会〉	
DC	Meetings of Chairmen of Delegation	〈代表・議長会議〉	
SEC	Secretariat	〈事務局〉	
EX-SEC	Executive Secretary	〈執行事務局〉	
I	Commission I	第1委員会(一般規定)	
I/1	Committee 1.	第1専門委員会(前文、目的、原則)	
I/2	Committee 2	第2専門委員会(加盟、主要機関、事務局)	
II	Commission II	第2委員会(総会)	
II/1	Committee 1	第1専門委員会(機構)	
II/2	Committee 2	第2専門委員会(政治、安全保障)	
II/3	Committee 3	第3専門委員会(経済社会協力)	
III/4	Committee 4	第4専門委員会(委託統治)	
III	Commission III	第3委員会(安全保障理事会)	
III/1	Committee 1	第1専門委員会(機構)	
III/2	Committee 2	第2専門委員会(平和的解決)	
III/3	Committee 3	第3専門委員会(強制措置)	
III/4	Committee 4	第4専門委員会(地域的取り決め)	
IV	Commission IV	第4委員会(司法組織)	
IV/1	Committee 1	第1専門委員会(国際司法裁判所)	
IV/2	Committee 2	第2専門委員会(法律問題)	

石川光二「国際機関刊行資料紹介 -5-」(『国立国会図書館月報』339 1989.6)より

5　準備委員会および執行委員会(サンフランシスコ、ロンドンで開催)
1945.6.27, 8.16-12.23

① *Report of the Preparatory Commission of the United Nations.* 1945.
　　準備委員会の活動成果報告書

② *Report by the Executive Committee to the Preparatory Commission of the United Nations.* 1945.
　　執行委員会の活動成果報告書

③ *Documents of the United Nations Preparatory Commission*
　　準備委員会刊行資料(執行委員会刊行資料も含む)のマイクロフィッシュ版集成。

準備委員会および執行委員会刊行資料には、独自のドキュメント記号が付与され、各委員会内部の機関を示します。機関を示す記号は、それぞれ次の表のとおりです。

準備委員会 (Preparatory Commission)

記号	機関名・資料の種類
PC	General document of Preparation Commission.
PC/AB	Committee VI (Administrative & Buddgetaries)
PC/AD	Administrative papers.
PC/ADG.W	Advisory Group of Experts.
PC/CD	Drafting Committee on Coordination & Drafting.
PC/CD/W	Working papers.
PC/ES	Committee III (Economic & Social)
PC/G	Committee VIII (General questions)
PC/GA	Committee I (General Assembly)
PC/ICH	Interim Committee on Headquarters.
PC/ICH/W	ICH Working papers.
PC/INF	Advisory Committee on Information.
PC/Journal	Journal of Preparatory Commission.
PC/LEG	Committee V (Legal questions)
PC/LN	Committee VII (League of Nations)
PC/SC	Committee II (Security Council)
PC/ST	Steering Committee.
PC/TC	Committee IV (Trusteeship)
記号なし	Administrative Circular.
記号なし	Executive Circular
記号なし	Press Release.

13章 国際連盟

執行委員会(Executive Committee)

記号	機関名・資料の種類
PC/EX	General documents of Executive Committee
PC/EX/A	Committee I(General Assembly)
PC/EX/AD	Administrative papers
PC/EX/ES	Committee II(Economic & Social Council)
PC/EX/FI	Committee VII(Financial questions)
PC/EX/G	Committee X(General questions)
PC/EX/ICJ	Committee V(Legal & court questions)
PC/EX/LN	Committee IX(League of Nartions)
PC/EX/PREL	Preliminary papers.
PC/EX/SA	Committee VII(Specialized agencies)
PC/EX/SC	Committee II(Security council)
PC/EX/SEC	Committee VI(Secretariat)
PC/EX/TC	Committee IV(Trusteeship)

石川光二「国際機関刊行資料紹介 -6-」(『国立国会図書館月報』340 1989.7)より

付・国際連盟文書の機関略号および対応機関名一覧

機関略号	機関名（フランス語）	機関名（英訳）
A.	Assemblée	Assembly
A.C.	Commission des amendements au Pacte	Committee on Amendments to the Covenant
C.	Conseil	Council
C.A.	Conférence des Ambassadeurs	Conference of Ambassadors
C.A.P.P	Comité pour l'amendement du Pacte de la Société des Nations pour le mettre en harmonie avec le Pacte de Paris de renonciation à la guerre	Committee for the Amendment of the Convenantto bring it into harmony with the Pact of Paris
C.A.S.	Comité d'arbitrage et de sécurité	Committee on Arbitration and Security
C.A.S.C.	Conférence sur l'amendement au Statut de la Cour permanente de Justice internationale	Conference on Amendment of the Statute of the Permanent Court of International Justice
C.B.	Commission internationale du Blocus	International Blockade Committee
C.C.	Commission de contrôle	Supervisory Commission
C.C.C	Commission chargée d'étudier la question de la composition du Conseil	Committee on the Composition of the Council
C.C.E	Comité consultatif économique	Economic Consultative Committee
C.C.I.A	Conférence pour le contrôle du commerce international des armes at munitions et des matériels de guerre	Conference for the Supervision of the International Trade in Arms, Munitions, and Implements of War
C.C.M.	Comité du Conseil constitué à étudier la question de la protection des minorités	Minorities Committee of Council
C.C.O.	Commission de coordination	Coordination Commission
C.C.P.	Comité central permanent de l'opium	Permanent Central Opium Board
C./C.S.G.	Conseil. Sous-Commission pour l'établissement des réfugiés grecs	Council. Sub-Commission for the Settlement of Greek Refugees
C.C.T.	Commission consultative et technique des communications et du transit	Advisory and Technical Committee for Communications and Transit
C.C.T./A.C.	Commission consultative et technique des communications et du transit. Commission de cooperation entre aéronautique civile.	Advisory and Technical Committee for Communications and Transit. Air Transport Cooperation Committee
C.C.T./C.D.	Commission consultative et technique des communications et du transit,Comité spécial pour la question de la juridiction de la Commission européenne du Danube	Advisory and Technical Committee for Communications and Transit. Special Committee on the Questin of the Jurisdiction of the European Commission of the Danube

13章　国際連盟　199

機関略号	機関名(フランス語)	機関名(英訳)
C.C.T./C.J.	Commission consultative et technique des communications et du transit. Comité juridique permanent	Advisory and Technical Committee for Communications and Transit. Permanent Legal Committee
C.C.T./C.R.	Commission consultative et technique des communications et du transit. Comité permanent d'étude de la circulation routière	Advisory and Technical Committee for Communications and Transit. Permanent Committee of Enquiry on Road Traffic
C.C.T./D.P.N.I.	Commission consultative et technique des communications et du transit. Comité de droit privé en navigation intérieure	Advisory and Technical Committee for Communications and Transit. Committe on Private Law in Inland Navigation
C.C.T./E.E.	Commission consultative et technique des communications et du transit. Comité permanent des questions électriques	Advisory and Technical Committee for Communications and Transit. Permanent Committee on Electric Questions
C.C.T./N.I.	Commission consultative et technique des communications et du transit. Comité permanent de la navigation intérieure	Advisory and Technical Committee for Communications and Transit. Permanet Committee for Inland Navigation
C.C.T./N.I./C.M.U.	Commission consultative et technique des communications et du transit. Comité permanent de la navigation intérieure. Carte de mensuration uniforme	Advisory and Technical Committee for Communication s and Transit. Permanent Committee for Inland Navigation. Committee to Prepare a Uniform Measurement Certificate for Vessels employed in Inland Navigation
C.C.T./O.P.F.	Commission consultative et technique des communications et du transit. Sous-Comité pour l'étude de la question de l'opium dans les ports francs	Advisory and Technical Committee for Communications and Transit. Sub-Committee to consider the Question of Opium in Free Ports
C.C.T./P.& M.	Commission consultative et technique des communications et du transit. Comité permanent des ports et de la navigation maritime	Advisory and Technical Committee for Communications and Transit. Permanent Committee on Ports and Maritime Navigation
C.C.T./P & M./B.&E.	Commission consultative et technique des communications et du transit. Comité permanent des ports et de la navigation maritime. Comité technique pour le balisage et l'éclairage des cotes	Advisory and Technical Committee for Communications and Transit. Technical Committee for Buoyage and Lighting of Coasts
C.C.T./Q.T.	Commission consultative et technique des communications et du transit. Commission spéciale d'étude des questions télégraphiques	Advisory and Technical Committee for Communications and Transit. Special Committee of Enquiry on Telegraphic Questions
C.C.T./R.C.	Commission consultative et technique des communications et du transit. Comité spécial d'étude de la réforme du calendrier	Advisory and Technical Committee for Communications and Transit. Special Committee of Enquiry into the Reform of the Calendar

機関略号	機関名(フランス語)	機関名(英訳)
C.C.T./R.P.L.	Commission consultative et technique des communications et du transit. Sous-Commission pour les questions de communications et de transit soulevées par le Conseil lors de l'examen par celui-ci de l'état des Relations polonolithuaniennes	Advisory and Technical Committee for Communications and Transit. Sub-Committee for Questions raised by the Council in connection with Freedom of Communications and Transit when considering the relations between Poland and Lithuania.
C.C.T./T.C.	Commission consultative et technique des communications et du transit. Comité spécial des transports combinés	Advisory and Technical Committee for Communications and Transit. Special Committee on Combined Transport
C.C.T./U.S.N.I.	Commission consultative et technique des communications et du transit. Comité de l'unification des statistiques de la navigation intérieure	Advisory and Technical Committee for Communications and Transit. Committee for the Unification of Statistics in Inland Navigation
C.C.T./V.F.	Commission consultative et technique des communications et du transit. Comité permanent des transports par voies ferrées	Advisory and Technical Committee for Communications and Transit. Permanent Committee for Transport by Rail
C.D.C.	Comité du Conseil (questions ayant trait au désarmement)	Committee of the Council. (Questions relating to Disarmament)
C.D.I.	Conférence douanière internationale	International conference on Constoms Formalities
C.E.	Comité économique	Economic Committee
C.E.C.D.	Comité economique. Conférence d'experts sur la concurrence déloyale	Economic Committee. Conference of Experts on Unfair Competition
C.E.C.P	Comité préparatoire de la Conférence économique internationale	Preparatory Committee for the International Economic Conference
C.E.I.	Conférence économique internationale	International Economic Conference
C.E.J.	Conférence européenne sur le jaugeage des bateaux de navigation intérieure	European Conference on The Measurement of Vessels employed in Inland Navigation
C.E.P.	Comité d'experts de presse	Committee of Press Experts
C.E.S.	Comité d'Experts en Matériel statistique	Committee of Statistical Experts
C.E.T.J.	Conférence européenne sure le transport des journaux	European Conference on the Transport of Newspapaers
C.E.U.E.	Commission d'Enquête pour l'Union européenne	Commission of Enquiry for European Union
C.E.U.E./C.O.	Commission d'Enquête pour l'Union européenne. Comité d'Organisation	Commission of Enquiry for European Union. Organization Committee
C.E.U.E./E.C.F.	Commission d'Enquête pour l'Union européenne. Réunion pour l'Ecoulement des Stock futurs de Céréales	Commission of Enquiry for European Union . Committee to Study the Problem og the Export of Future Harvest Surpluses of Cereals

13章 国際連盟　201

機関略号	機関名（フランス語）	機関名（英訳）
C.E.U.E./ E.E.	Commission d'Enquête pour l'Union européenne. Comité d'Experts économique	Commission of Enquiry for European Union. Committee of Economic Experts
C.E.U.E./ N.A.	Commission d'Enquête pour l'Union européenne. Comité spécial pour l'Examen d'un Pacte de non-agression économique	Commission of Enquiry for European Union. Special Committee to consideer a Pact of Economic Non-Aggression
C.F.A.	Commission spéciale chargée de la rédaction d'un projet de convention internationale sur la fabrication privée des armes, munitions et matériels de guerre	Special Commission for the Preparation of a Draft Convention on the Private Manufacture of Arms. Munitions, and Implements of War
C.F.M.	Conférence internationale pour l'adoption d'une convention pour la répression du faux-monnayage	International Conference for the Adoption of a Convention for the Suppression of Counterfeiting Currency
C.G.C.T.	Conférence générale des communications et du transit	General Conference on communications and Transit
4th C.G. C.T./ Com. Cal.	'4ème Conférence generale des Communications et du Transit, Oct.,1931,Comité du Calendrier	Fourth General Conference on Communications and Transit. Committee on Calendar Reform
C.H.	Comité d'hygiène	Health Committee
C.H./ Cancer	Comité d'hygiène. Commission du cancer	Health Committee. Cancer Commission
C.H./E.P.S.	Comité d'hygiène. Echange de personnel sanitaire	Health Committee. Exchange of Health Personnel
C.H./exp. stat.	Comité d'hygiène. Commission d'experts statisticiens	Health Committee. Commission of Expert Statisticians
C.H/ Malaria	Comité d'hygiène. Commission du paludisme	Health committee. Malaria Commission
C.H./P.E.	Comité d'hygiène. Conférence d'experts d'hygiéne pour la protection de l'enfance	Health Committee. Conference of Health Experts on Infant Welfare
C.H./S.S.	Comité d'hygiène. Commission de la standardisation des sérums	Health Committee. Commission on Standardization of Sera
C.H./ Session	Sessions du Comité d'hygiène	Sessions of the Health Committee
C.H./ Variole	Commission de la variole et de la vaccination	Smallpox and Vaccination Commission
C.I.	Institut international de Coopération intellectuelle	International Instiute of Intellectual Cooperation
C.I.A.	Conférence relative à la nonfortification et à la neutralisation des Iles d'Aland	Conference relative to the nonfortification and neutralization of the Aaland Islands

機関略号	機関名(フランス語)	機関名(英訳)
C.I.A.P.	Conférence internationale pour l'abolition des prohibitions et restrictions à l'importation et à l'exportation	International Conference of the Abolition of Import and Export Prohibitions and Restrictions
C.I.A.P./ P.O.	Conférence internationale pour l'abolition des prohibitions à l'exportation des peaux brutes et des os	International Conference for the Abolition of Export Prohibitions on Hides and Bones
C.I.C.I.	Commission internationale de Coopération intellectuelle	International Committee on Intellectual Cooperation
C.I.C.I./B	Commission internationale de Coopération intellectuelle. Sous-Commission de bibliographie	International Committee on Intellectual Cooperation. Sub-Committee on Bibliography
C.I.C.I./ C.E.P	Commission internationale de coopération intellectuelle. Comité d'experts pour l'échange international des publications	International Committee on Intellectual Cooperation. Committee of Experts on the International Exchange of Publications
C.I.C.I./E. P.E.	Commission internationale de Coopération intellectuelle. Echanges des professeurs dans les écoles	International Committee on Intellectual Cooperation. Sub - Committee on Interchanges of Teachers in Secondary Schools
C.I.C.I./L. A.	Commission internationale de Coopération intellectuelle. Sous-Commission des lettres et des arts	International Committee on Intellectual Cooperation. Sub-Committee on Arts and Letteers
C.I.C.I./P. I.	Commission internationale de coopération intellectuelle. Proprieté intellectuelle	International Committee on Intellectual Cooperation. Sub-Committee on Intellectual Rights
C.I.C.I./ R.C.	Commission internationale de Coopération intellectuelle. Sous-Comité de représentatives des institutions chalcographiques	International Committee on Intellectual Cooperation. Sub-Committee of Representatives of Chalcographical Institutes
C.I.C.I./ R.I.	Commission internationale de Coopération intellectuelle. Relations interuniversitaires	International Committee on Intellectual Cooperation. Sub-Committee on University Relations
C.I.L.C.	Conférence internationale pour l'unification du droit en matière de lettres de change, de billets et de chèques	International Conference for the Unification of the Law on Bills of Exchange, Promissory Notes, and Cheques
C.I.M.	Convention internationale concernant le transport des marchandises par chemins de fer	International Convention on the Transport of Merchandise by Rail
C.I.T.D.	Conférence internationale pour la conclusion d'une trève douanière	International Conference for the Conclusion of a Tariff Truce
C.I.T.E.	Conférence internationale sur le traitement des étrangers	International Conference on the Treatment of Foreigners

13章 国際連盟 203

機関略号	機関名(フランス語)	機関名(英訳)
C.L.	Lettres-circulaires	Circular Letters
C.M.	Conseil et Membres	Council and Members
Conf.E.P.	Conférence d'experts de presse	Conference of Press Experts
Conf.L.F.S	Conférence pour la limitation de la fabrication des stupéfiants	Conference of the limitation of the manufacture of narcotic drugs
Conf.U.D.F	Conférence pour l'unification du droit fluvial	Conference for Unification of River Law
Conf.U.I.S.	Conférence internationale pour la formation de l'Union internationale de Secours	International Conference for an International Relief Union
C.O.P.	Première Conférence de l'Opium	First Opium Conference
C.P.C.	Commission permanente consultative pour les questions militaires, navales et aériennes (Sous-Comité 'A' de la C.P.C.)	Permanent Advisory Commission for Military, Naval and Air Questions (Sub-Committee 'A' of the C.P.C.)
C.P.C./S.C.N.	Commission permanente consultative pour les questions militaires, navales et aériennes. Sous-Comité naval	Permanent Advisory Commission for Military, Naval and Air Questions.Naval Sub-Committee
C.P.C.C.	Comité préparatoire de la conférence pour la codification (du droit international)	Preparatory Committee for the Codification Conference on International Law
C.P.D.	Commission préparatoire pour la Conférence du désarmement	Preparatory Commission for the Disarmament Conference
C.P.D./C."B."	Comité préparatoire de la conférence du désarmement. Sous-Commission "B"	Preparatory Commission for the Disarmament Conference. Sub-Committee "B"
C.P.D.I.	Comité d'experts pour la codification progressive du droit international	Committee of Experts for the Progressive Codification of International Law
C.P.E.	Commission consultative de la traite des femmes et de la protection de l'enfance. Comité de la protection de l'enfance	Advisory Commission for the Protection and Welfare of Women and Children. Child Welfare Committee
C.P.M.	Commission permanente des mandats	Permanent Mandates Commission
C.P.O.	Conférence internationale pour la répression de la circulation et du trafic des publications obscènes	International Confference for the Suppression of the Circulation of and Traffic in Obscene Publications
C.R.A.	Cartes d'identité pour les réfugiés arméniens	Identity Certificates for Armenian Refugees
C.R.D.	Commission de répartition des dépenses	Committee on Allocation of Expenses
C.R.R.	Conférence des délégués gouvernementaux au sujet des réfugiés russes	Conference of Government Delegates on the Question of Russian Refugees
C.R.S.C.	Comité des juristes pour la revision du Statut de la Cour permanente	Committee of Jurists on Revision of the Statute of the Permanent Court

機関略号	機関名(フランス語)	機関名(英訳)
C./S.C.A.	Conseil. Sous-Comité de l'Autriche	Council. Sub-Committee on Austria
C./S.C.G.	Conseil. Sous-Comité grec	Council. Greek Sub-Committee
C.S.O.	Conférence internationale de statistique économique	International Conference on Economic Statistics
C.S.O./ Commerce	Conférence internationale de statistique économique. Commerce	International Conference on Economic Statistics.Committee on Trade Statistics
C.S.O./ Prod.	Conférence internationale de statistique économique. Production	International Conference on Economic Statistics. Committee on Production Statistics
C.T.A.	Commission temporaire mixte pour la réduction des armements	Temporary Mixed Commission for the Reduction of Armaments
C.T.B.	Comité des techniciens des biblothèques	Committee of Library Experts
C.T.E.	Commission temporaire de l'esclavage	Temporary Slavery Commission
C.T.F.E.	Commission consultative de la traite des femmes et de la protection de l'enfance. Comité de la traite des femmes	Advisory Commission for the Protection and Welfare of Women and Children. Traffic in Women and Children Committee
C.T.F.E./ Experts	Comité spécial d'experts en matière de la traite des femmes et des enfants	Special Body of Experts on Traffic in Women and Children
C.T.T.	Comité technique des communications et du transit	Technical Committee for Communications and Transit
D.T.	Comité d'experts techniques pour l'étude de la double imposition et de l'évasion fiscale	Committee of Technical Experts on Double Taxation and Fiscal Evasion
E.	Comité économique	Economic Committee
E./Sugar	Comité économique. Mémoranda relatif au sucre	Economic Committee. Memoranda on Sugar
E.F.	Commission économique et financière provisoire	Provisional Economic and Financial Committee
E.F.S.	Section économique et financiére	Economic and Financial Section
E.I.	Intelligence épidémiologique	Epidemiological Intelligence
F.	Commission financière	Financial Committee
F./C.A.	Délégation du Comité financier pour le Crédit agricole	Delegation of the Financial Committee for Agricultural Credits
F./fiscal	Comité fiscal	Fiscal Committee
F./Gold	Délégation de l'Or du Comité financier	Gold Delegation of the Financial Committee
O.C.	Commission consultative de l'opium et autres drogues nuisibles	Advisory Committee on Traffic in Opium and Other Dangerous Drugs

機関略号	機関名(フランス語)	機関名(英訳)
O.C./C.E. P.C	Commission consultative de l'opium et autres drogues nuisibles. Comité pour l'etude de proposition Cavazzoni	Advisory Committee on Traffic in Opium and Other Dangerous Drugs. Sub-Committee for the Study of Administrative Systems of Control over the Drug Traffic (Cavazzoni proposal)
O.D.C.	Deuxième Conférence de l'Opium	Second Opium Conference
P.C.O.	Comité préparatoire de l'opium	Preparatory Committee on Opium
P.V.	Procès-verbal	Minutes
R.E.	Rapport epidémiologique mensuel	Monthly Epidemiological Report
R.H.	Relevé épidémiologique hebdomadaire	Weekly Epidemiological Record
R./I.G.G.	Conférence inter-gouvernementale au sujet des réfugiés	Refugees. Inter-Governmental Conference on Refugee Questions
R.R.C.T.	Recueil de renseignements sur les communications et le transit. (Comité spécial pour l'étude des questions de concurrence entre voies ferrées et voies d'eau)	Collection of Studies on Communications and Transit. (Special Committee on Competition between Railways and Waterways)
S.G.	Secrétaire général de la Société des Nations	Secretary-General of the League of Nations

参考文献

(本文中に紹介したものを含む)

【国際機関全般・国際連合・国際連盟・国連専門機関】

The information systems of international inter-governmental organizations: a reference guide. Robert V. Williams. 1998 Ablex

International information: documents, publications, and electronic information of international government organizations. 2nd ed. 1997 Libraries. Unlimited Inc.

石川光二「国際機関刊行資料紹介」1〜14(『国立国会図書館月報』335号〜348号)

石川光二『国際連合刊行資料利用の手引き』改訂増補版(日本ドクメンテーション協会 1980年)

石川光二「国際連合の諸活動を調査するために」(『参考書誌研究』23号 1981年)

石川光二『国際連合資料利用の手引き』(国立国会図書館 1970年)

川鍋道子「国際機関資料ノート」No.1〜6(『国立国会図書館月報』457号〜462号)

Kleckner, Simone-Marie, "Major Publications of the office of Legal Affairs". (「国連法務局の主要出版物について」『参考書誌研究』24号 1982年)

河村宏「国際機関資料」(『情報検索ガイドブック―情報と文献の森の道案内』セクションA 政治/行政6 勁草書房 1995年)

【欧州連合(EU)】

鹿倉崇廣「欧州連合(EU)資料の紹介」1〜4(『国立国会図書館月報』416、418〜420号)

The Documentation of the European Communities: a guide. Ian Thomson. 1989 Mansell

中村民雄『インターネットで外国法』「第9章 EU」 (日本評論社 1998年)

【欧州評議会(CE)】

西井正弘、窪誠「ヨーロッパ審議会(The Council of Europe)に関する情報・資料ガイド」(『政法論集(京都大学教養部)』第10号 1990.10)

【経済協力開発機構(OECD)】

原聰「シンクタンクOECDを利用する―グローバル化社会におけるOECDの統計・分析・政策提言」(『図書館雑誌』v.91.no.10)

あとがき

　本書は、筆者が、勤務先の図書館で国際機関刊行資料の整理・問合せ回答を担当していた期間（平成4年から平成13年）に、諸先輩方や同僚の皆様に教わったこと、また国際機関資料に関する研修の機会を通じて知り得たことを国際機関別にまとめたものです。特に、国連寄託図書館会議、国連広報センターセミナー、ＥＤＣセミナー、ＥＤＣトレーニングセッションといった研修の機会に恵まれたことはとてもありがたく思っております。ご教示いただいた関係者のみなさま、本当にありがとうございました。

　また、本書の出版の機会を与えてくださった株式会社東信堂下田勝司社長、編集を担当してくださった東信堂松井哲郎さまには、大変お世話になりました。この場を借りてお礼申し上げます。

平成15年6月

川鍋　道子

機関名索引

国際連合（国連） UN　http://www.un.org/ ……………3-5, 8, 9, 10-13, 18, 22-29,
　　　　　　　　31, 33-35, 37-52, 55, 58, 60, 64-72, 74, 78-86, 91, 92, 97, 100,
　　　　　　　　101, 103, 109, 110, 113, 122, 127, 129, 137, 139, 182, 206, 207
　UNBISnet　http://unbisnet.un.org/ …………………………………24, 25, 31, 60
　UN Information Quest (UN-I-QUE)　http://lib-unique.un.org/lib/unique.nsf
　　　　　　　　………………………………………………………………31-33, 60
　UNHCHR Treaty-based database　http://unhchr.ch/tbs/doc.nsf ……………60
　気候変動に関する政府間パネル　IPCC　http://www.ipcc.ch/ ……………88-90
　アジア太平洋経済社会委員会　ESCAP　http://www.unescap.org/
　　　　　　　　………………………………………………………15, 18, 21, 98
　欧州経済委員会　ECE　http://www.unece.org/ ………………15, 18, 21, 98-100
　アフリカ経済委員会　ECA　http://www.un.org/Depts/eca/ …18, 21, 41, 71, 101
　西アジア経済社会委員会　ESCWA　http://www.escwaorg.lb/ …15, 18, 21, 101
　国際連合広報センター（東京）　http://www.unic.or.jp …9, 38, 48, 64, 85, 109, 207
国連食糧農業機関　FAO　http://www.fao.org/ ……………………………78, 113-115
世界貿易機関　WTO　http://www.wto.org/ ……………………………5, 41, 139, 140
国際原子力機関　IAEA　http://www.iaea.or.at/ …………3, 31, 38, 41, 78, 137, 138
世界銀行グループ　World Bank　http://www.worldbank.org/ ……………5, 116, 117
国際民間航空機関　ICAO　http://www.icao.int/ ……………………………5, 118, 119
国際農業開発基金　IFAD　http://www.ifad.org/ …………………………………120
国際労働機関　ILO　http://www.ilo.org/public/english/
　　　　　　　　…………………………5, 40, 55, 56, 62, 103, 120-122, 157, 185
国際通貨基金　IMF　http://www.imf.org/ ………………………………5, 123, 124, 182

機関名索引　209

国際海事機関　IMO　http://www.imo.org/index.htm ……………………125
国際電気通信連合　ITU　http://www.itu.int/home/ ……………………126
国連教育科学文化機関　UNESCO　http://www.unesco.org/
　　　　　　　　　　　　　　　　　………………40, 55, 56, 57, 62, 78, 127-129
国連工業機関　UNIDO　http://www.unido.org/ ………………………22, 129
万国郵便連合　UPU　http://www.upu.int/ ………………………………130
世界保健機関　WHO　http://www.who.int/en/ ………53, 62, 95, 115, 131-134, 157
世界知的所有権機関　WIPO　http://www.wipo.org/ …………………134, 135
世界気象機関　WMO　http://www.wmo.ch/index-en.html ……………78, 88, 136

欧州連合　EU　http://europa.eu.int/ ………………3, 5, 143-149, 151-163, 206
　　EUR-Lex　http://europa.eu.int/eur-lex ……………………147, 148, 160
　　ECLAS　http://europa.eu.int/eclas ………………………………160, 161
　　TARIC consultation　http://europe.eu.int/comm/taxation-customes/cgi-bin/
　　　　　　　　　　　　　　………………………………………………162
欧州評議会　CE　http://www.ce.org/ ……………5, 55, 57, 63, 165-167, 206

経済協力開発機構　OECD　http://www.oecd.org/ ……3, 5, 40, 173-178, 182, 206
アジア開発銀行　ADB　http://www.adb.org/ …………………………179, 180
アジア太平洋経済協力会議　APEC http://www.apecsec.org.sg/ ……………180
東南アジア諸国連合　ASEAN http://www.asean.or.id/ …………………40, 181
国際決済銀行　BIS　http://www.bis.org ………………………………40, 181
77か国グループ　Group of 77　http://www.g77.org/ …………………182, 183
北大西洋条約機構　NATO　http://www.nato.int ………………………40, 183
欧州安全保障協力機構　OSCE　http://www.osce.org ……………………184

著者略歴

川鍋 道子（かわなべ みちこ）

　1964年生まれ。
　1987年筑波大学第一学群社会学類卒業後、国立国会図書館に勤務。
　1992年から2001年まで、同図書館専門資料部官庁資料課国際機関資料
　係配属。

本書は、国立国会図書館の許諾のもとに、「国際機関資料ノート　No.1～6」（川鍋道子執筆）『国立国会図書館月報』（457号～462号所収）の記事を加筆・改訂のうえ、作成したものです。

国際機関資料検索ガイド
2003年 7月10日　初 版　第 1 刷発行　　　　　　　　〔検印省略〕

著者©川鍋道子／発行者　下田勝司　　　　印刷・製本　中央精版印刷
東京都文京区向丘1-20-6　　振替00110-6-37828　　　発 行 所
〒113-0023　TEL（03）3818-5521　FAX（03）3818-5514　株式会社 東信堂
　　　　E-Mail　tk203444@fsinet.or.jp

Published by TOSHINDO PUBLISHING CO., LTD.
1-20-6, Mukougaoka, Bunkyo-ku, Tokyo, 113-0023, Japan

ISBN4-88713-505-x　C3030　©Kawanabe Michiko

東信堂

国際法新構〔上〕	田畑茂二郎	二九〇〇円
国際法新講〔下〕	田畑茂二郎	二七〇〇円
ベーシック条約集〔第4版〕	編集代表 松井芳郎 山手治之 香西茂	二四〇〇円
国際経済条約・法令集〔第2版〕	編集代表 小室程夫 山手治之 香西茂	三九〇〇円
国際機構条約・資料集〔第2版〕	編集代表 小原喜雄 松井芳郎 山手治之 香西茂	三二〇〇円
資料で読み解く国際法(第2版)〔上〕	編集代表 安藤仁介	二八〇〇円
資料で読み解く国際法(第2版)〔下〕	大沼保昭編著	二〇〇〇円
国際立法──国際法の法源論	大沼保昭編著	六八〇〇円
判例国際法	村瀬信也	三五〇〇円
プラクティス国際法	編集代表 松井芳郎 井田幸二郎 坂元茂樹	一九〇〇円
国際法から世界を見る──市民のための国際法入門	松井芳郎	二八〇〇円
テロ、戦争、自衛──米国等のアフガニスタン攻撃を考える	松井芳郎	八〇〇円
21世紀国際社会における人権と平和〔上・下巻〕		五七〇〇円
国際社会の法構造──その歴史と現状	編集代表 山手治之 香西茂	六三〇〇円
現代国際法における人権と平和の保障	編集代表 山手治之 香西茂	四八〇〇円
人権法と人道法の新世紀	編 坂元茂樹 藤田久一 松井芳郎	六二〇〇円
国際人道法の再確認と発展	竹本正幸	四八〇〇円
海上武力紛争法サンレモ・マニュアル解説書	人道法国際研究所 竹本正幸監訳	二五〇〇円
〔現代国際法叢書〕領土帰属の国際法	太壽堂鼎	四五〇〇円
国際法における承認──その法的機能及び効果の再検討	王志安	五二〇〇円
国際社会と法	高野雄一	四三〇〇円
集団安保と自衛権	高野雄一	四八〇〇円
国際「合意」論序説──法的拘束力を有しない国際「合意」について	中村耕一郎	三〇〇〇円
国際人権条約・宣言集〔第3版〕	田畑・竹本 松井・薬師寺編	改訂中・近刊

〒113-0023 東京都文京区向丘1-20-6
☎03-(3818)5521 FAX 03(3818)5514 振替 00110-6-37828
E-mail: tk203444@fsinet.or.jp

※税別価格で表示してあります。

―――― 東信堂 ――――

東京裁判から戦後責任の思想へ〔第四版〕	大沼保昭	三三〇〇円
〔新版〕単一民族社会の神話を超えて	大沼保昭	三六八九〇円
なぐられる女たち―世界女性人権白書	有澤・小寺澤、鈴木・米田訳／米国々務省	二八〇〇円
地球のうえの女性―男女平等のススメ	小寺初世子	一九〇〇円
国際人権法入門	T.バーゲンソル／小寺初世子訳	二八〇〇円
摩擦から協調へ―ウルグアイラウンド後の日米関係	中川淳司編著	三八〇〇円
入門 比較政治学―民主化の世界的潮流を解読する	H.J.ウィアルダ／大木啓介訳	二九〇〇円
国家・コーポラティズム・社会運動―制度と集合行動の比較政治学	T.ショーエンゲム編著	五四〇〇円
ポスト冷戦のアメリカ政治外交―残された「超大国」のゆくえ	桐谷仁	四三〇〇円
巨大国家権力の分散と統合―現代アメリカの政治制度	三好陽編	三八〇〇円
ポスト社会主義の中国政治―構造と変容	今村弘二編	二〇〇〇円
プロブレマティーク 国際関係	小林弘二	三八〇〇円
クリティーク国際関係学	関下稔他編	二〇〇〇円
刑事法の法社会学―マルクス、ヴェーバー、デュルケム	中川涼司編／松本・宮澤・土井訳／ジョインソン、ヴァークリティ	二二〇〇円
軍縮問題入門〔第二版〕	黒沢満編	四四六六円
PKO法理論序説	柘山堯司	二三〇〇円
時代を動かす政治のことば―尾崎行雄から小泉純一郎まで	読売新聞政治部編	三八〇〇円
世界の政治改革―激動する政治とその対応	藤本一美編	一八〇〇円
比較政治学とデモクラシーの限界	大石耕作編	四二〇〇円
村山政権とデモクラシーの危機	岡野加穂留編	四二〇〇円
政治思想とデモクラシーの検証	岡野加穂留編	三八〇〇円
〔現代臨床政治学叢書・岡野加穂留監修〕	伊藤重行編	
〔シリーズへ制度のメカニズム〕アメリカ連邦最高裁判所―そのシステムとメカニズム	大越康夫	一八〇〇円
衆議院―そのシステムとメカニズム	向大野新治	一八〇〇円

〒113-0023 東京都文京区向丘1-20-6　☎03(3818)5521　FAX 03(3818)5514　振替 00110-6-37828
E-mail:tk203444@fsinet.or.jp

※税別価格で表示してあります。

― 東信堂 ―

〔シリーズ 世界の社会学・日本の社会学 全50巻〕

タルコット・パーソンズ	―最後の近代主義者	中野秀一郎	一八〇〇円
ゲオルク・ジンメル	―現代分化社会における個人と社会	居安 正	一八〇〇円
ジョージ・H・ミード	―社会的自我論の展開	船津 衛	一八〇〇円
アラン・トゥーレーヌ	―現代社会のゆくえと新しい社会運動	杉山光信	一八〇〇円
アルフレッド・シュッツ	―主観的時間と社会的空間	森 元孝	一八〇〇円
エミール・デュルケム	―社会の道徳的再建と社会学	中島道男	一八〇〇円
レイモン・アロン	―危機の時代の透徹した警世思想家	岩城完之	一八〇〇円
奥井復太郎	―都市社会学と生活論の創始者	藤田弘夫	一八〇〇円
新 明 正 道	―新総合社会学の探究	山本鎮雄	一八〇〇円
米田庄太郎	―綜合社会学の先駆者	中 久郎	一八〇〇円
高田保馬	―理論と政策の無媒介的合一	北島 滋	一八〇〇円
日本の環境保護運動		長谷敏夫	二五〇〇円
現代社会学における歴史と批判〔上巻〕	―グローバル化の社会学	山田信行編	二八〇〇円
現代社会学における歴史と批判〔下巻〕	―近代資本制と主体性	武川正吾編	二八〇〇円
現代日本の階級構造	―理論・方法・計量分析	丹辺宣彦編	二八〇〇円
イギリスにおける住居管理	―オクタヴィア・ヒルからサッチャーへ	片桐新自編	四三〇〇円
BBCイギリス放送協会〔第二版〕	―パブリック・サービス放送史の伝統	橋本健二	七四五三円

〔中野 卓著作集生活史シリーズ〕
1 生活史の研究		中島明子	二五〇〇円
		蓑葉信弘	

〔研究誌・学会誌〕
日本労働社会学会年報 4〜13		中野 卓	各一八〇〇円
労働社会学研究 1〜3		日本労働社会学会編	三九二三〜三八一〇円
社会政策学研究 1〜3		社会政策学会「社会政策研究」編集委員会編	三三〇〇円
コミュニティ政策 1		コミュニティ政策研究フォーラム編	一五〇〇円

〒113-0023 東京都文京区向丘1―20―6
☎03(3818)5521　FAX 03(3818)5514　振替 00110-6-37828
E-mail:tk203444@fsinet.or.jp

※税別価格で表示してあります。

― 東信堂 ―

大学の自己変革とオートノミー ―点検から創造へ	寺﨑昌男	二五〇〇円
大学教育の創造 ―歴史・システム・カリキュラム	寺﨑昌男	二五〇〇円
大学教育の可能性 ―教養教育・評価・実践	寺﨑昌男	二五〇〇円
立教大学へ〈全カリ〉のすべて ―リベラル・アーツの再構築 〔シリーズ教養教育改革ドキュメント・監修寺﨑昌男・絹川正吉〕	全カリの記録編集委員会編	二一〇〇円
ICUへリベラル・アーツのすべて	絹川正吉編著	二三八一円
大学の授業	宇佐美寛	二五〇〇円
作文の論理 ―〈わかる文章〉の仕組み	宇佐美寛編著	一九〇〇円
大学院教育の研究	バートン・R・クラーク編 潮木守一監訳	五六〇〇円
大学史をつくる ―沿革史編纂必携	寺﨑・別府・中野編	五〇〇〇円
大学の誕生と変貌 ―ヨーロッパ大学史断章	横尾壮英	三三〇〇円
大学授業研究の構想 ―過去から未来へ	京都大学高等教育教授システム開発センター編	二四〇〇円
大学評価の理論と実際 ―自己点検・評価ハンドブック	H・R・ケルズ 喜多村・舘・坂本訳	三三〇〇円
アメリカの大学基準成立史研究	前田早苗	三八〇〇円
大学力を創る・FDハンドブック ―「アクレディテーション」の原点と展開	大学セミナー・ハウス編	二三八一円
私立大学の財務と進学者	丸山文裕	三五〇〇円
私立大学の経営と教育	丸山文裕	三六〇〇円
短大ファーストステージ論	舘昭鳥正夫編	二〇〇〇円
短大からコミュニティ・カレッジへ ―飛躍する世界の短期高等教育と日本の課題	舘昭編	二五〇〇円
夜間大学院 ―社会人の自己再構築	新堀通也編著	三三〇〇円
現代アメリカ高等教育論	喜多村和之	三六八九円
アメリカの女性大学・危機の構造	坂本辰朗	二四〇〇円
アメリカ大学史とジェンダー	坂本辰朗	五四〇〇円
アメリカ教育史の中の女性たち ―ジェンダー、高等教育、フェミニズム	坂本辰朗	三八〇〇円

〒113-0023　東京都文京区向丘1-20-6　☎03(3818)5521　FAX 03(3818)5514　振替 00110-6-37828
E-mail:tk203444@fsinet.or.jp

※税別価格で表示してあります。

東信堂

責任という原理——科学技術文明のための倫理学の試み	H・ヨナス 加藤尚武監訳	四八〇〇円
主観性の復権——心身問題から「責任という原理」へ	H・ヨナス 宇佐美・滝口訳	二〇〇〇円
哲学・世紀末における回顧と展望	H・ヨナス 尾形敬次訳	二三八一円
バイオエシックス入門〔第三版〕	H・ヨナス 今川・道夫編	八二六円
思想史のなかのエルンスト・マッハ——科学と哲学のあいだ	今井道夫	三八〇〇円
堕天使の倫理——スピノザとサド	佐藤拓司	二八〇〇円
今問い直す脳死と臓器移植〔第二版〕	澤田愛子	二〇〇〇円
キリスト教からみた生命と死の医療倫理	浜口吉隆	二三八一円
空間と身体——新しい哲学への出発	桑子敏雄	二五〇〇円
環境と国土の価値構造	桑子敏雄編	三五〇〇円
森と建築の空間史——南方熊楠と近代日本	千田智子	四三八一円
洞察＝想像力——知の解放とポストモダンの教育	D・スローン 市村尚久監訳	三八〇〇円
ダンテ研究Ⅰ Vita Nuova 構造と引用	浦 一章	七五七三円
ルネサンスの知の饗宴〈ルネサンス叢書1〉	佐藤三夫編	四四六六円
ヒューマニスト・ペトラルカ〈ルネサンス叢書2〉——ヒューマニズムとプラトン主義	佐藤三夫	四八〇〇円
東西ルネサンスの邂逅〈ルネサンス叢書3〉——南蛮と種痘氏の歴史的世界を求めて	根占献一	三六〇〇円
原因・原理・一者について《ジョルダーノ・ブルーノ著作集3巻》	ジョルダーノ・ブルーノ 加藤守通訳	三二〇〇円
ロバのカバラ	N・オルディネ 加藤守通訳	三六〇〇円
三島由紀夫の沈黙	伊藤勝彦	二五〇〇円
愛の思想史〔新版〕	伊藤勝彦	二〇〇〇円
荒野にサフランの花ひらく《続・愛の思想史》——その死と江藤淳・石原慎太郎	伊藤勝彦	二三〇〇円
必要悪としての民主主義——政治における悪を思索する	伊藤勝彦	一八〇〇円
イタリア・ルネサンス事典	H・R・ヘイル編 中森義宗監訳	続刊

〒113-0023 東京都文京区向丘1-20-6
☎03(3818)5521　FAX 03(3818)5514　振替 00110-6-37828
E-mail:tk203444@fsinet.or.jp

※税別価格で表示してあります。